HELGE ACHENBACH

SELBST**ZERSTÖRUNG**

HELGE ACHENBACH

SELBST**ZERSTÖRUNG**

Bekenntnisse eines Kunsthändlers

riva PREMIUM

Bibliografische Information der Deutschen Nationalbibliothek:
Die Deutsche Nationalbibliothek verzeichnet diese Publikation in der Deutschen Nationalbibliografie; detaillierte bibliografische Daten sind im Internet über http://d-nb.de abrufbar.

Für Fragen und Anregungen
info@rivaverlag.de

Originalausgabe
1. Auflage 2019

Nymphenburger Straße 86
D-80636 München
Tel.: 089 651285-0
Fax: 089 652096

Juristische Prüfung: Rechtsanwälte Partsch & Partner, Berlin
Umschlaggestaltung: Marc-Torben Fischer
Umschlagabbildung: © David Young
Illustrationen im Innenteil: © Yahia Silo
Satz: Satzwerk Huber, Germering
Druck: GGP Media GmbH, Pößneck
Printed in Germany

ISBN Print 978-3-7423-1149-8
ISBN E-Book (PDF) 978-3-7453-0812-9
ISBN E-Book (EPUB, Mobi) 978-3-7453-0813-6

Weitere Informationen zum Verlag finden Sie unter

www.rivaverlag.de

Beachten Sie auch unsere weiteren Verlage unter www.m-vg.de

Für meine Kinder

Inhalt

SCHLEICHENDE VERROHUNG

SCHÖNE BEGEGNUNGEN, VERHÄNGNISVOLLE GESCHÄFTE

ABSTURZ UND SUCHE NACH DEN WURZELN

NEUANFANG – QUO VADIS?

MEIN LEBEN HAT MEHR FARBEN, ALS ICH KENNE

1.

Erste Skizze

Kaarst, Sommer 2019. Als ich das Gefängnis nach zwei Jahren und drei Monaten im September 2016 zum ersten Mal wieder verlassen durfte und in den offenen Vollzug kam, sah ich auf dem Weg in die Stadt eine Aldi-Filiale. In dem einladenden Discounter kaufte ich mir einen Apfelkuchen und eine Flasche Wasser, setzte mich draußen auf eine Parkbank und aß mit großem Appetit. Der Kuchen schmeckte fast so gut wie vom Bäcker.

Bis heute kaufe ich regelmäßig bei der Supermarktkette ein. Weil ich Aldi ein paar Euro meiner Schuldenmillionen zurückzahlen will? Wohl kaum. Vor allem kaufe ich bei Aldi ein, weil die Zeit von Feinkosthäppchen und Sternerestaurants vorbei ist.

Ein paar Monate nach meiner Freilassung im Sommer 2018 hatte ich 100 Euro, um für die erste Vernissage des Vereins Culture without borders einzukaufen – Orangensaft, Sekt, Wein und Knabbereien. Der Einkaufswagen quoll über, ein paar Euro blieben sogar übrig. Ab und an werde ich bis heute in einer Filiale angesprochen. Ob ich nicht der Achenbach sei, der Aldi übers Ohr gehauen hat? Ich bin nicht stolz darauf, dann zu nicken. Und denke bis heute manchmal: »Ich habe dem damaligen Aldi-Chef Berthold Albrecht auch viel für sein Geld gegeben. Kunst und Oldtimer, die heute viel mehr wert sind als damals.«

Öfter aber denke ich: »Was ist da in dich gefahren? Wie konntest du nur?« Rechnungen nachträglich zu erhöhen war der größte Fehler meines Lebens. Auf dem Zenit meiner Laufbahn als Kunstberater habe ich mich strafbar gemacht, weil ich eingeknickt bin: Nur 5 Prozent Provision für Bilder zu verlangen war nicht kostendeckend. Das mangelnde Rückgrat beim Verhandeln wollte ich am Kopierer korrigieren. Die Einsicht, mich damit strafbar zu machen, kam erst später. Spätestens nach der Verurteilung, mit der ich fast alles verlor: Familie, Beruf, Vermögen, Reputation, Freiheit. Das Kainsmal des Betrügers trage ich nun, bis ich den Löffel abgebe.

Mit meinen Erinnerungen möchte ich aber auch die Farbschichten freilegen, die hinter dem Geständnis vor Gericht liegen, das mich zu sechs Jahren Haft verurteilte. Es sind Farben, die in keiner Verhandlung und keinem Zeitungsbericht zur Sprache kommen.

Es geht mir dabei um einen Akt der Selbstvergewisserung dessen, was ich in fast 40 Jahren auf dem Kunstmarkt gemacht habe. Was der Kunstmarkt mit mir gemacht hat. Über das, was ich geschafft und was ich zerstört habe, über die Art, wie ich zerstört wurde, über eine bigotte Szene und meine eigene Zerrissenheit. Den Lebemann, Menschenfänger, Macher, Romantiker und Narzissten kenne ich schon lange. Dahinter – das ist mir erst im Knast richtig klar geworden – stecken auch Ängste und Abgründe, in die ich vorher nie geschaut hatte. Wie wurde ich, wer ich war und heute bin? Um dem näherzukommen, habe ich in den Spiegel geschaut, nackt. Und mit Humor.

Denn meine Geschichte hat auch viele komische Elemente. Man brauchte sie gar nicht allzu sehr zu überzeichnen, um eine Satire daraus zu machen: Die Berliner Volksbühne hat das mit der Web-Serie *Rheingold* und Schauspielern wie Matthias Brandt, Bibiana Beglau und Joachim Król schon getan, ohne mein Zutun und auch ohne die Rechte einzuholen. Aber da es eher mehr als weniger gelungen ist, habe ich nichts dagegen.

Der Street-Art-Künstler Banksy hat im Auktionshaus Sotheby's sein bekanntes Bild *Girl with Balloon* während einer Versteigerung schreddern lassen. Nach dem Streich verdoppelte sich der Preis für sein Werk. So irre geht es auf dem Kunstmarkt öfter zu: Ein mir bekannter Künstler kopierte seine eigenen Werke, wenn sie besonders gut liefen, Kuratoren belegten die Echtheit von Bildern, auch wenn sie sich nicht sicher sein konnten. Galeristen dealen bis heute mit zwielichtigen Oligarchen, Politiker und Unternehmer schmücken sich mit Kunst und der Freundschaft mit Künstlerfürsten, reiche Schnäppchenjäger wollen sich ein bisschen Kultur erkaufen – jeder will ein Stück von der Sahnetorte. Lecker ist sie nicht immer, sie schmeckt immer bitterer, nach Geld und fragwürdigem Lifestyle, ist aber groß und mächtig. Ich habe oft und viel davon gegessen.

Irgendwann habe ich nicht mehr gemerkt, wie sich Großzügigkeit in Größenwahn verwandelte, Leidenschaft in Manie. Schleichend und ohne groß darüber nachzudenken, wie ich mich veränderte, wurde ich zum Dealer-König, der die Regeln bestimmte und mit Sammlern an einer Autobahnraststätte oder auf einer gigantischen Jacht über Bilder im zweistelligen Millionenbereich verhandelte. Und das ganz normal fand.

Abertausende Kunstwerke sind durch meine Hände gegangen. Ich habe Ausstellungen und Projekte organisiert, Konzerne mit Kunst ausgestattet, Kooperationen von Unternehmen mit Museen vermittelt, Spendenaktionen organisiert, ständig Aufmerksamkeit und Anerkennung gesucht. Wofür habe ich das getan? Und: Hat mich das zu einem glücklichen Menschen gemacht? Unabhängig: Ja. Ich hatte Geld, Kunst, schicke Autos, schöne Frauen, flog Privatjet. Ein pralles Leben mit Tausenden Begegnungen und unglaublichen Geschichten.

Aber bei den Verhandlungen und Projekten ging es mir irgendwann wie einem Junkie, der den nächsten Schuss braucht. Noch eine Sammlung, noch eine Firma, noch ein Edelrestaurant. Bis ich zu viel nahm – im wahrsten Sinne.

In der Zelle habe ich auf einem Minifernseher gesehen, wie Schriftsteller und Journalisten aus der Türkei ins Gefängnis mussten, nur weil sie Präsident Erdoğan kritisierten. Ich habe mich dafür geschämt, meine Integrität aus so niederen Beweggründen verloren zu haben – und aus der Ohnmacht heraus den Gedanken gefasst: »Heute ist kein guter Tag zu sterben. Wenn du rauskommst, hilfst du Künstlern, die verfolgt wurden, im Gefängnis landeten, fliehen mussten, nur weil sie anders dachten, als in ihrem Land gewünscht. Du hilfst den Richtigen!«

Menschen zu unterstützen, die alles verloren haben, schafft mir eine andere Form von Zufriedenheit als die Vermittlung eines 6-Millionen-Picassos. Wenn ich Yahia, der die Cartoons für dieses Buch gezeichnet hat, helfe, seine Bilder auszustellen, habe ich heute das Gefühl: Das ist gut, das lohnt sich.

Um klarer zu sehen, habe ich oftmals das Gespräch gesucht. Angefangen mit einem Gefängnispfarrer, der in wöchentlichen Gesprächen in der JVA Essen mein Korrektiv war und mir einige Tage nach der Inhaftierung klar gemacht hat, dass es mehr als nur ein Missverständnis ist, dass man mich verhaftet hat; eine ähnliche Wirkung hatte die Künstlerin Anne Berlit, die mir im Gefängnis das Malen beigebracht hat. Die Kunst hat mich nicht nur vor dem Spießerleben meiner Eltern gerettet, sondern auch im Knast. Und sie tut es heute wieder.

Geholfen hat mir auch Günter Wallraff, der mir nach der Freilassung (und bis heute) seine Dachgeschosswohnung kostenlos zur Verfügung gestellt hat und ebenfalls immer wieder als Korrektiv dient – Süchtige brauchen solche Menschen, um nicht rückfällig zu werden. Gespräche und Briefe mit meiner Frau Dorothee, von der ich inzwischen geschieden bin, haben mich weitergebracht. Und Diskussionen mit meinen Kindern. Ihre Kritik und Enttäuschung haben gewirkt.

Nicht zu vergessen: der Zuspruch von Freunden. Menschen wie Dirk Niebergall und Dr. Bruno Albrecht, ohne die es den Verein Culture without borders nicht gäbe. Sogar meine allererste Freundin Ingeborg hat mich mehrfach in der JVA besucht. Nach der Inhaftierung habe ich gemerkt, wer ein Freund ist – und wer nicht.

Bis heute treffe ich mich regelmäßig mit zwei kunstbegeisterten Psychotherapeuten, mit denen ich familiäre Zusammenhänge ergründe: Welche Rolle meine Mutter gespielt hat, die ich als herzlos und irrational erlebt habe, welche mein Vater, von dem mir Verwandte sagten, dass er nicht mein leiblicher Vater sei. Warum fiel es mir schwer, in Beziehungen treu zu bleiben? Woher kam der Drang, immer helfen zu wollen? Und nur schwer Nein! sagen zu können? Was heißt es eigentlich, Narzisst zu sein – und welche Rolle spielte das für meine kriminellen Manipulationen? Im Knast war ich nicht umsonst umgeben von Narzissten. Dass Narzissten überdurchschnittlich oft straffällig werden, wusste ich schon als Student der Sozialpädagogik und Jahrespraktikant in der JVA Siegburg. Warum das so ist, habe ich 40 Jahre später am eigenen Leibe erfahren.

Als Kunstberater ging es mir in vielen Situationen wie Gerhard Richter mit seinen Bildern: »Verstehen kann ich meine Bilder fast nie«, hat er mal gesagt. Bloß wusste Gerhard bei Bildern immer, ob sie gut sind oder schlecht. Ich habe diese Klarheit für meine Entscheidungen irgendwann verloren.

Das Leben in der glitzernden Kunstszene habe ich trotzdem genossen. Die Kunst an sich, die Freundschaften mit Künstlern und Sammlern, die Partys, die Projekte, den Eros von Kreativität, Einfluss und Geld. Natürlich auch den Umgang mit Berthold und Babette Albrecht, dem reichsten Ehepaar des Landes. Berthold wurde irgendwann zu einem Vertrauten, ja Freund. Den ich betrogen habe.

Wir haben drei Tage vor seinem Tod das letzte Mal telefoniert. Es war zu spät, um ihm zu beichten, dass ich Rechnungen an ihn nachträglich erhöht hatte. Ich hätte ihm zumindest gern noch gesagt, dass ich mich schäbig verhalten habe, dass es mir leidtut.

Als Kunstberater habe ich oft Entscheidungen aus dem Bauch heraus getroffen. »Filou«, hat Gerhard Richter mich genannt. Spieler, Abenteurer, Schlitzohr, Gockel, Schlawiner, großes Kind, Zampano, Leichtfuß, sozialer Kapitalist, Narzisst, Anarchist, Pippi Langstrumpf und Menschenfischer nannten mich andere. Alles sicher nicht ganz falsch. Ich habe das Leben gern als Spiel gesehen. Habe den Reichen Zucker gegeben. Um die Puppen immer weiter tanzen zu lassen.

Am Anfang wollte ich von der Kunst leben können, es ging um meine Existenz. Als die gesichert war, wollte ich mehr – für die Kunst und auch für mich.

Dabei habe ich immer einen beträchtlichen Teil meiner Arbeit darauf verwendet, die Finanzierung von Ausstellungen zu sichern, bei denen mein Verdienst keine Rolle spielte. Zumindest einen Teil des Geldes habe ich mit sehr reichen Menschen verdient und einer immer eher klammen Galeristen- und Museumsszene zur Verfügung gestellt.

Geiz und Neid kannte ich nicht, als gierig habe ich mich selbst lange Zeit nicht eingeschätzt. Weil ich jedem Museum versucht habe zu helfen, mir es neben dem Geschäft immer auch um die Geltung der Kunst ging. So schön ich es fand, wenn ein Bild von Richter oder Picasso bei mir im Wohnzimmer hing, so wichtig fand ich es, dass die bedeutendsten Bilder öffentlich ausgestellt wurden.

Im Rückblick war ich sehr wohl gierig. Maßlos, großmannssüchtig.

Warum wurde ich so? Im Rückblick habe ich die Anerkennung, die ich suchte, eher selten erfahren. Für viele war ich immer nur der Kommerzielle, der Mann fürs Geld, der Händler mit den guten Kontakten und dem sicheren Gespür. Je erfolgreicher ich wurde, desto mehr Feinde hatte ich. Nicht dafür anerkannt zu werden, die Kunst zu lieben und zu fördern, hat mich wütend gemacht und hart.

Hier kommen wir zum schwierigen Teil meiner Erinnerungen: Mit der Kunstszene abzurechnen, durfte kein Motiv sein. Wohl aber eine schonungslose Beschreibung des Kunstmarktes, von mir, aber auch den Menschen, die ich kennengelernt habe, und der Art, wie die Geschäfte oft ablaufen.

Am lautesten haben mich seit meiner Verhaftung diejenigen verteufelt, die sich selbst für keinen Deal zu schade waren. Wer die

Feuilletonberichterstattung über den Kunstmarkt ein bisschen verfolgt, kann oft von dem Unwohlsein lesen, das Künstler wie Museumschefs und Galeristen mit sich herumtragen: dem schlechten Gewissen, als Protagonisten und Nutznießer der Szene ein Symbol für den globalen Turbokapitalismus zu sein.

Umso wichtiger ist es, dass es Sündenböcke gibt. Ich bin einer – und das natürlich zu Recht. Weil ich dem Markt mit meinen »Collagen«, als die ich die fingierten Rechnungen anfangs bezeichnet habe, Schaden zugefügt habe. Mein Narzissmus hat dabei eine wichtige Rolle gespielt. Aber es gibt auch eine Kultur des Kunstmarkts, die Zynismus und Korruption begünstigt, die den Ehrlichen zum Dummen macht. Der Wert von Kunst ist willkürlich, es gibt nur wenige Regeln und Aufseher, keine Bilanzen und Ratings, die Werte festschreiben, kein geschütztes Berufsbild für Kunstberater, keine Preisbremse, oft auch keine ausgeprägte Zahlungsmoral der Käufer.

Ein Galerist hat ein wertvolles Bild, das ich bestellt hatte, weiterverkauft und sich dumm gestellt, ein anderer konnte sich an eine halbe Million, die ich ihm geliehen hatte, nicht mehr erinnern. Immer wieder haben Konzernbosse nach einer privaten Provision gefragt – beispielsweise in Form eines wertvollen Bildes zum Spottpreis. Ein erfolgreicher Unternehmer hat so nach und nach seine Sammlung aufgebaut. Ich habe Sammler, Galeristen, Künstler und Kuratoren kennengelernt, die mit Geld und Kunst *Monopoly* gespielt haben. Die – weil ich für ihre Museen oder Sammlungen Geld auftrieb – auch privat nach Finanzspritzen fragten. Die in Auktionen auf eigene Kunstwerke boten, um die Preise hochzutreiben. Immer wieder habe ich mich übervorteilt gefühlt – und immer öfter mitgespielt. Dem Vorstandschef billig ein Bild obendrauf gegeben. Das Geld nach dem Lagerfeld'schen Motto zum Fenster rausgeschmissen, damit es zur Tür wieder reinkommt.

Im Rückblick habe ich viel zu oft gesagt: »Gut, machen wir.« Statt: »Nein, so nicht.« Oft genug bin ich aufgebrochen und habe losgelegt, ohne einen richtigen Plan zu haben. Ich habe lediglich auf mein Bauchgefühl gehört: Das geht, da lässt sich was machen. Ohne Berater, ohne doppelten Boden, ohne Kompass, möglichst spielerisch und kreativ, manchmal naiv. Zusammen mit meiner Liebe zur Kunst hat mir dieser Spieltrieb die Türen zu den größten Künstlern der Gegenwart, den wichtigsten Sammlern und Museen, internationalen Konzernen und ihren Chefs geöffnet. Das Abenteuer war Versuchung und Verdammnis zugleich.

Irgendwann hatte ich den Bentley von Beuys, wollte aber den Mercedes von Krupp noch obendrein. Hatte 10 Millionen Umsatz und wollte 50. Flog erster Klasse, mein Kunde flog Privatjet, wollte ich auch. Es war wie im Rausch: Heute ein Gespräch mit einem Milliardär in Rio, morgen eine Verhandlung über eine Sammlung in Basel, übermorgen ein Picasso-Deal in Monaco. Dealer und Junkie.

Mein erstes Bild von Gerhard Richter habe ich Mitte der 70er-Jahre für 5000 Mark an einen Arzt aus Münster verkauft. Er hat es in 500er-Raten abgestottert. *Die Kerze* von Richter, die ich für 18 000 Mark gekauft habe, hing zwei Jahre lang in meinem Wohnzimmer. 1982 habe ich das Bild an einen guten Freund verkauft. Heute ist das Bild 30 Millionen Euro wert. Die explodierenden Preise haben mich damals geprägt. Leider ging es irgendwann nur noch um Wertentwicklung und Renditen.

Ich möchte dieses Leben nicht zurückhaben und auch nicht den Stoff, mit dem ich gedealt habe. Auf dem Bauernhof, den mir ein wohlhabender Unternehmer zur Verfügung stellt, um für den Verein Culture without borders mit geflüchteten Künstlern zu arbeiten, spüre ich eine Ruhe, die ich jahrzehntelang nicht erfahren habe. Diese Ruhe gibt mir eine Zufriedenheit, obwohl ich kein komplett anderer Mensch geworden bin: sicher demütiger, aber nicht demütig. Bescheidener, zwangsläufig, aber nicht die Bescheidenheit in Person. Noch immer lebensfroh und voller Ideen und Tatendrang.

Bis heute klopfen regelmäßig kunstinteressierte Menschen bei mir an. Selbstverständlich tun mir diese Anfragen gut – denn sie beweisen, dass man mir eine Chance zur Rehabilitierung geben will. Wenn ich helfe, achte ich darauf, dass die Projekte meiner Seele guttun und ich nicht wieder in altes Fahrwasser gerate.

Der Unterschied zu früher ist, dass ich inzwischen gelernt habe, Nein zu sagen. Groß, das weiß ich mittlerweile, muss nicht gleich teuer und mächtig sein. Einem syrischen Künstler wie Yahia, der seine Existenz verloren hat, ein Atelier zur Verfügung zu stellen und ihm zu helfen, seine Bilder auszustellen, macht mich glücklich. Wenn er sein erstes Werk für 2000 Euro verkauft oder durch die Karikaturen für dieses Buch ein bisschen bekannter wird, freue ich mich aufrichtig.

Ich habe mich lange in einer Schwarz-Weiß-Welt auf der grell leuchtenden Seite bewegt. Nach meiner Festnahme habe ich die Schattenseite kennengelernt. Schwarz und Weiß – das weiß ich längst – ist nur der Schein. In jedem von uns steckt ein Engel, ein Teufel und alles, was dazwischenliegt. Vor allem handeln meine Erinnerungen deswegen von den Grautönen, für die Gerhard Richter künstlerisch mit seinen Bildern eine Lanze gebrochen hat – und die es auf dem Markt eher schwer hatten. Grau steht für Schattierungen, die in der Welt von Instagram und Twitter niemand mehr sehen will. Für das Unbestimmte, Geheimnisvolle, Widersprüchliche, für das Abseitige und Traurige.

Mein Leben als Kunstberater und Kunstliebhaber, Romantiker und Geschäftsmann, Familienmensch und Fremdgeher, Narzisst und Sozialarbeiter, Kapitalist und Anarchist, Dealer und Junkie hat oft in Grauzonen gespielt. Es hat mehr Farbnuancen, als ich kenne.

2. DER MASSANZUG PASST NICHT MEHR

Als Freigänger in der alten Welt

Moers/Berlin, November 2017. Als Freigänger der JVA Moers-Kapellen musste ich nicht in die Kleiderkammer, um mir Klamotten für das exklusive Dinner am Abend in Berlin zu holen. Ich hatte ein eigenes Zimmer, 10 Quadratmeter vielleicht, hell, wohnlich, mit allem, was man braucht: Tisch, Stuhl, Bett, Minifernseher, selbst gemalte Bilder an der Wand, auch ein Kleiderschrank, in dem der sündhaft teure Maßanzug vor sich hin staubte, den ich bei meiner Verhaftung dreieinhalb Jahre zuvor getragen hatte.

Als Aldi-Betrüger und ehemaliger Millionär stand ich in der Knasthierarchie weit oben. Ich war Sportwart, Leiter eines Kurses in Kunstgeschichte, für einige junge Knackis auch Vaterfigur, hatte in dem Gefängnispfarrer und einer Künstlerin, die im Gefängnis Malkurse gab, Freunde gefunden – die Aussicht, in einem halben Jahr raus zu sein und draußen mein Leben neu organisieren zu müssen, fiel mir fast schwer. Einige der Flüchtlinge, mit denen ich als Freigänger in der Düsseldorfer Diakonie arbeitete, würde ich immerhin weiterhin sehen. Ich hatte schon begonnen, einen Verein für geflüchtete Künstler aufzubauen.

Nun also für 24 Stunden zurück in die Matrix – meine alte Welt. Der Springer-Verlag hatte mich zu einem Dinner zu Ehren von Jeff Koons eingeladen, der eine Ausgabe der Tageszeitung *Die Welt* gestaltet hatte. Koons und ich waren zu Geschäftspartnern geworden, nachdem ich 1992 auf Schloss Arolsen die Rieseninstallation *Puppy* für ihn realisiert hatte. Ein gelernter Broker, der zum teuersten

Künstler der Gegenwart wird – was für ein Symbol. Koons faszinierte mich. 1994 startete ich zusammen mit den Kunsthändlern Max Hetzler, Anthoney d'Offay und Jeffrey Deitch die Produktion der Skulpturen aus seiner *Celebration*-Serie. Der Marktwert von Koons-Werken explodierte in der Folge.

Der Gedanke, Koons nach alldem, was passiert war, wiederzusehen, war schön. Ich mochte seinen Mut, das Banale in den Blick zu nehmen, die glatten Oberflächen seiner Skulpturen als Symbol unserer smartphoneglatten Gesellschaften, und auch seinen provokanten Versuch, die Pornografie als Kunstform zu etablieren – für die Foto- und Skulpturen-Serie *Made in Heaven* hatte er mit seiner damaligen Frau, der Pornodarstellerin Ilona Staller, in verschiedenen Stellungen und Maskierungen geschlafen.

Als ich den Maßanzug überstreifte, flatterten Hose und Ärmel. Im Gefängnis in Essen fuhr ich fast täglich auf dem Hometrainer, Seite an Seite mit Ex-Bertelsmann-Chef Thomas Middelhoff, Kleinkriminellen, Mördern und einem Rocker, der sich bei mir ausheulte, weil er seine fünf Kinder an Weihnachten nicht sehen durfte.

Mein altes Leben passte mir offenbar nicht mehr.

Um 8 Uhr verließ ich die JVA mit leichtem Gepäck. Gierig sog ich die feinstaubgeschwängerte Düsseldorfer Stadtluft ein. Die zweite Klasse des ICE war erfüllt von einer Note aus Käsebroten, Schweiß und überreifen Bananen. Gesichter starrten in Handydisplays und I-Pads, ein Baby schrie; ich ging durch in die erste Klasse, die der Gastgeber für mich gebucht hatte.

In der Innentasche des Sakkos harrte noch die Visitenkarte eines brasilianischen Milliardärs aus, mit dem ich ein paar Tage vor der Verhaftung über ein Architekturdorf für 250 Millionen Dollar in der Nähe vom Campo Bahia der deutschen Nationalelf gesprochen hatte. Die Fahnder hatten wohl nichts damit anzufangen gewusst. Ich riss die Karte in Fetzen und dachte an das Treffen in dieser riesigen Villa am Meer.

Wiesen, Felder, Autobahnen, Industriegebiete flogen vorbei. Düsseldorf, Dortmund, Bielefeld, Gütersloh, Hannover, Wolfsburg. Erinnerungen.

Die Düsseldorfer Kunstszene tauchte auf, die kleine Galerie im Rotlichtviertel, die ZERO-Gruppe, Beuys, Richter, mein erstes verkauftes Werk, ein Feuerbild von Otto Piene, der Transport eines *Schwammreliefs* von Yves Klein zum Chanel-Chef nach Paris, im Kofferraum meines alten Kombis; Trinken mit Künstlern und Freunden im »Ratinger Hof« und der »Uel«, Tanzen im »Creamcheese«; der Anfang der Kunstberatung, Konzepte für Banken und Versicherungen mit Bildern von Gerhard Richter, Günther Uecker, Tony Cragg, Heinz Mack und vielen anderen.

Der ICE fuhr durch Dortmund. Die Versicherung, der ich wertvolle Fotokunst verkauft hatte. Bielefeld. Ein Frühstück mit dem Unternehmer Rudolf-August Oetker, der mir 1986 klarmachen wollte, dass Gerhard Richter kein guter Künstler sei und er ihn nicht finanzieren wolle.

Hannover. Bilder für die Zentralen mehrerer Unternehmen. Die Frage eines Managers nach einer Aufmerksamkeit für seine Frau obendrauf. Wolfsburg Hauptbahnhof. Meine Freunde von *Think Blue*! Die große Welttournee von VW als Ausstellungskonzept, um das Nachhaltigkeitsbewusstsein des Autobauers künstlerisch zu unterlegen. Beim Eröffnungsabend von *Think Blue* im New Yorker MoMa war VW-Boss Martin Winterkorn mit der Schauspielerin Lucy Liu im 1-Liter-Auto vorgefahren, Madonna, Yoko Ono, die Rothschilds, Rockefellers, Marina Abramović und Michael Bloomberg gaben sich die Klinke in die Hand. Die Welt war für uns alle noch in Ordnung.

3,20 Euro sollte der Cappuccino im Bordbistro kosten, 6,90 Euro das Frühstück – eigentlich zu viel bei 130 Euro Monatsverdienst im Knast.

Es war ungewohnt, so lange aus dem Fenster zu gucken, so viel monotones Land, Gursky-Land. Der Cappuccino schmeckte besser als der dünne Knastkaffee. Die Fahrt von Düsseldorf nach Wolfsburg kam mir kurz vor. Wie größenwahnsinnig musste ich gewesen sein, dass ich dafür früher den Privatjet genommen hatte!

Als ich in Berlin Hauptbahnhof das Abteil verließ, spürte ich die Kälte des Winters. Die Hauptstadt kam mir größer vor als vor vier Jahren, lauter und unübersichtlicher.

War es richtig, als Freigänger auf eine elitäre Kunstparty zu gehen? Narzisstisch war es ganz bestimmt. Ich wollte wissen, wie die Kunstgesellschaft heute auf mich reagierte – bis dahin hatte ich jede Ausstellungseinladung ignoriert. Vielleicht war es auch Trotz. Im Nachhinein ganz sicher auch Masochismus.

Im Springer-Hochhaus warteten die Gäste auf Jeff Koons. Unternehmer, Banker, Verleger, Galeristen, Sammler. Die Kunstszene ist eine kleine Welt, die von außen niemand durchschaut. Den inneren Zirkel bilden Mitglieder einer ausgewählten Kaste. Wenn man einmal in dem Zirkel verkehrt, der aus den wichtigsten Künstlern, Galeristen, Museumschefs, Sammlern, Bankern und Kunsthändlern besteht, verkehrt man dort ein Leben lang. Es sei denn, man hat kein Geld mehr oder stört den Betrieb – oder landet wie ich im Gefängnis.

Als ich den vollen Aufzug zur 19. Etage nahm, wurde mir kalt. Vielleicht war es doch keine so gute Idee, der Einladung gefolgt zu sein. Schuld eingestanden und fast verbüßt, alles auf null? Wie naiv, so etwas zu hoffen. Menschen, die jahrelang damit geprahlt hatten, mich zu kennen, stierten an mir vorbei. Ein alter Sammler, der mich oft angerufen und nach neuen Werken gefragt hatte, schaute durch mich hindurch. Ein sehr bekannter Filmregisseur wendete sich fast verschreckt ab. Es war das Szenario eines klischeeüberfrachteten Blockbusters: der Auftritt des Bösen, der das System beschmutzt und entblößt hat, in der feinen Gesellschaft.

So geächtet zu werden, hatte ich nicht erwartet. Ich fühlte mich wie ein Aussätziger, bestenfalls wie ein Schreckgespenst. Ich dachte an das Affenkostüm, das ich in meiner Zeit als Chef der »Monkey's«-

Restaurants auf einem Düsseldorfer Karnevalswagen getragen hatte. Jetzt hier als kostümierter Affe herumlaufen und die Freiheit des Verachteten auskosten, wie schön wäre das!

Aber nach Späßen war mir nicht zumute. Die Freiheit des Verachteten spürte ich nicht. Nur die Verunsicherung. Ich wollte mich verstecken. Mein Herz pochte, der Schweiß rann. Ich suchte Schutz in einer Ecke abseits des Getümmels, wie ein gehetztes Tier.

Im Festsaal schien alles wie immer. Alle redeten über Kunst, beflissen. Besonders die Reichen sprechen immer gern über Kunst, wie die Künstler immer gern über Geld sprechen, zumindest die, die keins haben. Die Exaltierten trugen cremefarbene Anzüge, die Altreichen dezenten Schmuck, die Neureichen auffällige Klunker, teures Standardparfum fast alle. Die Menschen standen in Trauben zusammen und glotzten unverhohlen zu Koons, der mit seinem fitnessgestählten Astralkörper und dem stechenden Blick wie ein postmoderner Gott aussah. In diesem Moment wäre früher die Zeit für ein warmes Bad in der Menge gewesen. Wie hatte ich diese Bäder geliebt! Jetzt hätte ich in diesem Bad erfrieren können.

Mir war schlecht. Die Menschen stierten aus ihren makellosen Gesichtern, weiße Zahnleisten grinsten ins Leere, ich sah nur noch Rücken, durchgedrückte und krumme, dicke und dünne, und stellte mir vor, dass die Gäste nackt vor mir stehen und gewichtige Gespräche führen. Nackt und maskiert. Oder mit Bodypaintings, zu Raubtieren, Lämmern, Affen geschminkt.

Als ich mir ausmalte, wie das *Happening* Fahrt aufnimmt, kam ein alter Bekannter näher. Ein Galerist, den ich Ende der 80er-Jahre unterstützt hatte. »Schön, dich wiederzusehen, Helge!«, sagte er grinsend. Ich mühte mich zurückzulächeln. Mir war aber flau. Endlich begann das Dinner. Die Gäste eilten in den Saal.

Ich blieb in meiner Ecke und wartete, bis alle verschwunden waren. Statt zum Essen ging ich in die Bar und gesellte mich zu ein paar ehrenwerten Alkoholikern. Bestellte einen Weißwein und hörte, wie Gastgeber Cornelius Tittel übers Mikrofon die Gäste begrüßte. Euphorischer Applaus, als er Koons willkommen hieß, beschämtes Hüsteln und nervöses Gackern, als er »einen guten alten Freund aus Düsseldorf, Helge Achenbach, von dem ihr alle noch viel hören werdet!«, begrüßte.

In diesem Moment wollte ich eigentlich gehen, obwohl das doch sehr nett gemeint war – »ein guter alter Freund!«. Ich blieb, wie festgetackert; ich trank noch ein Glas, bebend, seltsam leer, taumelnd und stocknüchtern, hoffentlich bald betäubt genug, um zu vergessen.

Nach Stunden – oder Sekunden? – legte mir jemand die Hand auf die Schulter. »Helge, warum kommst du nicht rüber? Komm, wir trinken einen! Du musst mir übrigens helfen, wir müssen mal reden, ich möchte meine Sammlung verkaufen, vielleicht fällt dir etwas ein. Du hattest doch immer gute Ideen.« Helfen? Ich war überrascht und ein bisschen gerührt. »Klar kann ich dir helfen, wir können irgendwann reden. Ich werde mir etwas überlegen.« Ich klang wie ein Echo.

Nach dem Gespräch traute ich mich, in den großen Saal zu gehen. Der Gastgeber nahm mich in den Arm, andere Bekannte begrüßten mich, es ging etwas besser – bis der Sammler, der mich eingangs übersehen hatte, mit ausgestreckter Eisenhand neben mir stand. Meine Stimme war jetzt kein Echo mehr, sie kam aus meinem Mund. Leise sagte ich zu ihm: »Früher sind Sie mir nachgelaufen wie ein Hündchen, wollten immer wissen, welches die wichtigeren Bilder sind. Sprechen Sie mich einfach nicht mehr an. Ich bin für Sie ein Verbrecher. Hören Sie auf zu heucheln. Lassen Sie dieses lächerliche Spiel.«

Leider hatte ich kein Affenkostüm dabei. Ihm als Affe gegenüberzustehen und mir grimassierend die Achseln zu kraulen, hätte ich jetzt als angemessen empfunden. Der Sammler, einflussreich und sehr bekannt in der Wirtschaftskaste, wendete sich peinlich berührt ab. Gott sei Dank.

Irgendwann traf ich auf Koons. Er umarmte mich und sagte: »Hey, Helge, schön dich zu sehen. Ich werde nie vergessen, wie du meine erste *Puppy*-Skulptur für die documenta organisiert hast.« Er wirkte entspannt und locker, wie immer. Kein Wort über meine Geschichte. Seine Worte und die Umarmung taten gut.

Beim Rausgehen ging es mir etwas besser, ich konnte gelassener ein paar Sammler begrüßen, die ich seit Langem kannte. Höfliche Leute, die fragten, ob wir bei Gelegenheit sprechen könnten, in Ruhe natürlich, über Kunst.

Als ich um kurz vor 23 Uhr die Festgemeinschaft verließ, fühlte ich mich wie nach einem Boxkampf, zu dem ich unvorbereitet angetreten war, viele Schläge kassiert hatte, aber nicht K. o. gegangen war. Eine Niederlage in einem Kampf, den ich nicht gewinnen konnte. Aber ich würde mich auch künftig nicht ausknocken lassen, egal was da noch kommen sollte.

Statt ins Hotel zu fahren, nahm ich den Nachtzug nach Düsseldorf. Um 7 Uhr trat ich meinen Dienst bei der Diakonie an, wo ich tagsüber mit jungen Flüchtlingen arbeitete – einen Tag früher als geplant und mit dem Gefängnis abgesprochen.

Um 19 Uhr fiel die Tür meines kleinen Zimmers ins Schloss. Ich verstaute den Maßanzug im Schrank, legte mich aufs Bett und starrte an die Decke. Waren die vergangenen 24 Stunden ein Traum? Oder waren sie wirklich passiert? In wie vielen Situationen meines Lebens hatte ich mir diese Frage gestellt.

KINDHEIT UND JUGEND

3. DIE WOHNUNG UNTER DEM KANINCHENZÜCHTER

Züchtigung, erste Küsse, Traumata

Klafeld-Geisweid, 1963. Klafeld-Geisweid ist ein Ort, den die Welt zu Unrecht nicht kennt. Wikipedia immerhin weiß, dass der berühmte Hühnerforscher Erich Baeumer aus Geisweid kommt, der Flugzeugkonstrukteur Erich Schatzki und der Musikproduzent Dieter Falk. In Klafeld, 1963 umbenannt in Geisweid, gab es zwei große Hüttenwerke. Im Gedächtnis geblieben sind mir arbeitsame, gottesfürchtige Bewohner, mit der Nagelschere geschnittener Rasen, Zucht und Ordnung, Ingeborg und Sybille.

Mein Großvater, Karl Achenbach, hatte einen gut gehenden Handel für Kohle, Öl und Baustoffe, seinen ältesten Sohn Kurt machte er zum Juniorchef. Für seinen jüngsten Sohn, meinen Vater Walter, war kein Platz mehr im Unternehmen. Er arbeitete bei der Deutschen Bahn, als kleiner Beamter.

Ich kam erst sechs Jahre nach der Hochzeit meiner Eltern zur Welt – ungewöhnlich für die Zeit. Ein zweites Kind kam nie infrage. Wir wohnten in einer Wohnung mit Resopaltischen, schweren Teppichen und deutscher Eiche, ich hatte ein eigenes Zimmer in der Mansarde, mein Reich, in das ich mich verkroch, wenn es mal wieder Ärger gab.

Durch den Garten floss der Birlenbach, an dem ich im Sommer Staudämme baute und Steine warf – und der dem sechsjährigen Helge irgendwann im Frühjahr seinen nagelneuen Ball klaute und mit sich riss. Meine Spielkameraden und ich liefen hinterher, holten schließlich die Räder und fuhren kilometerweit stromabwärts, aber es war Hochwasser, der Bach war zu einem Fluss angeschwollen, zu schnell und zu wild. Ich war traurig und wütend – auch, weil ich den Ball geschenkt bekommen hatte und wusste, dass das Ärger gibt, von der Mutter vielleicht mal wieder Schläge mit dem Klöppel.

Ein weiteres kindliches Trauma hat mit Kaninchen zu tun. In der Wohnung über uns wohnte ein Züchter. Manchmal durfte ich zu ihm hoch und seine Tiere streicheln. Irgendwann kam meine Mutter mit einem Tier ohne Haut herunter, das ich nicht gleich identifizieren konnte, und ich fragte nach, was das denn sei. Das sei ein Kaninchen unseres netten Nachbarn, das gebe es als Sonntagsbraten, sagte meine Mutter. Ich weinte und protestierte. Man dürfe doch keine Kaninchen essen, da könne man ja gleich Menschen essen! Aber es half nichts: Am Sonntag musste ich mitessen und würgte voller Wut und Scham ein paar Bissen runter. Auch den Züchter mochte ich danach nicht mehr.

Meine Mutter ließ mich früh wissen, dass sie keinen Widerspruch duldete. Sie, die Tochter eines Gerichtsvollziehers, erzog mich so, wie wohl nicht wenige Kinder in den 50er-Jahren erzogen wurden: wenig Lob, viel Tadel, und wenn nichts half, holte sie den Klöppel hervor. Oft erschien sie mir hart, im Rückblick: verhärtet und nicht im Reinen mit sich selbst. Wenn sie mich anherrschte, meinte sie damit wahrscheinlich eigentlich sich selbst. Wie liebevoll und sanft Mütter sein können, erlebte ich neidisch bei einigen Schulkameraden. Geborgenheit und Sicherheit vermittelte mir eher mein Vater.

Vordergründig verlief das Leben in Klafeld harmonisch, fast idyllisch. Dass Idylle und Grauen oft Nachbarn sind, ahnte ich nur. In der Nachbarschaft gab es eine Schreinerei und einen Lkw-Betrieb, viele Menschen arbeiteten in den Stahlwerken, Arbeitslose gab es kaum. Sonntags ging man in die Kirche. Wenn Geld da war, gab es nach dem Kirchgang einen Braten, zum Beispiel Kaninchen. Nach der Schule spielte ich mit den Nachbarskindern am Bach und in den Feldern.

Früh fühlte ich mich zu den Mädchen hingezogen. Mit sechs oder sieben verliebte ich mich unsterblich in die Nachbarstochter. Sie hieß Ingeborg. Wir erkundeten einander mithilfe von Doktorspielen, pflückten Gänseblümchen, spielten mit den Blüten »Du liebst mich, du liebst mich nicht« und versprachen uns, dass wir später heiraten würden. Vielleicht hätten wir es getan, aber mein Vater wurde irgendwann nach Siegen versetzt und wir zogen um. Auch meine erste richtige Freundin hieß Ingeborg. Als wir von Düsseldorf zu einem Verwandtenbesuch in Siegen fuhren, spazierten Ingeborg II. und ich zu einem Jagdhochsitz, der dort schon stand, als ich in der Volksschule war. Früher aßen wir dort Picknick und hatten Angst, dass der Jäger kommt, jetzt war es ein wunderbarer Platz zum Vögeln.

In der Volksschule hatte ich eine tolle Klassenlehrerin, die lobte, statt zu tadeln, und eine Wärme ausstrahlte, die noch heute nachwirkt, wenn ich an sie denke. Als Gegenpol diente eine schreckliche Religionslehrerin. In Erinnerung ist sie mir nicht, weil sie ein bisschen aussah wie eine Vogelscheuche, sondern weil sie meine Eltern anrief und sich beschwerte. Ich hatte sie im Religionsunterricht, mit sieben oder acht, gefragt: »Wenn Jesus Gottes Sohn ist, wessen Sohn ist dann eigentlich Gott?« Sie hatte nur geantwortet, ich solle nicht so frech sein, und meinen Eltern mitgeteilt, ich würde »Grenzen überschreiten« und müsste mich besser benehmen. Ich bekam eine Standpauke und weigerte mich, wegen so einer Vogelscheuche fortan brav zu sein. Lieber tat ich das Gegenteil.

4. AKTFOTOS AUF DEM SCHULHOF

Alles hat seinen Preis – Geschäfte eines Zwölfjährigen

Siegen, 1964/65. In Siegen kam ich auf die Realschule – Gymnasium hielten meine Eltern nicht für nötig, für mich ging das auch klar. Große Lust hatte ich auf Schule sowieso nicht. Gefühlt hatte ich in meiner Klasse relativ schnell eine Führungsrolle: Ich fragte und redete viel, gab weiterhin gern Widerworte, war Klassensprecher und manchmal auch Klassenclown. Mehr als für Mathe und Englisch interessierte ich mich für Mädchen. Mit zwölf oder 13 lernte ich Sybille kennen – blond, kurzhaarig, sommersprossig, sportlich, mit dem ganzen Körper lachend, und verliebte mich unsterblich in sie. Im Sommer trafen wir uns jeden Tag im Freibad, cremten uns den Rücken ein und hielten Händchen. Wenn wir mit dem Rad zum Picknicken in die Felder fuhren und weit und breit kein Mensch zu sehen war, küssten wir uns.

Dass sich mit Erotik auch Geld verdienen lässt, lernte ich etwa zu der Zeit, als ich auch Sybille lieben lernte: Mein Kumpel Hans-Peter hatte nur ein bisschen zu schlecht versteckt hinter Aktenordnern im Arbeitszimmer seines Vaters eine stattliche Sammlung von Heftchen entdeckt, die unsere Fantasien befeuerten und unsere Lenden beben ließen: Das magische Heft hieß *Eldorado*. Im Innern räkelten sich junge, überaus hübsche Frauen, die nur Schlüpfer oder BH, manchmal auch gar nichts trugen, in einladenden Posen. Die Bilder waren unerhört, ein verbotenes Wunder! Ein Wunder auch, dass wir den Teppich im Arbeitszimmer von Hans-Peters Vater nicht vollsabberten – zumindest bei mir hatte der Testosteroneinschuss erstaunliche Gefühle mit sich gebracht.

Nachdem wir uns tagelang an den Magazinen gelabt hatten und die Fotos in- und auswendig kannten, schlug ich Hans-Peter vor, dass wir die Bilder doch vermieten könnten. »Wie, vermieten?«, fragte er. »Ist doch klar, wir nehmen für einmal Gucken 10 Pfennig!« – »Meinst du, das macht einer?« – »Würdest du es machen?« – »Äh, ja.« Hans-Peter wurde rot. »Ich doch auch, sofort!«

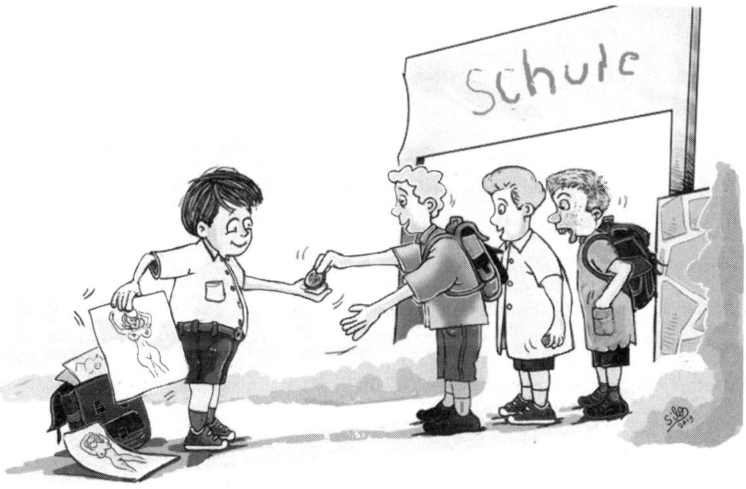

Die Sache war also klar. Mit einer Rasierklinge schnitt ich vorsichtig die verführerischsten Nackten aus den Heften – möglichst nur eine oder zwei pro Magazin –, in der naiven Vorstellung, der Vater würde es dann schon nicht merken, und legte sie behutsam in unseren *Diercke-Weltatlas*.

Unser Handelsgut sprach sich auf dem Schulhof der Realschule am Oberen Schloss in Siegen herum wie die Schwangerschaft eines Mädchens aus der Zehnten. In den großen Pausen waren wir umschwirrt von einer Traube neugieriger Jungs. Die Nachfrage war riesig, schnell fragten die ersten Interessenten, ob sie die Bilder auch kaufen könnten. 50 Pfennig für ein Schwarz-Weiß-Foto, 1 Mark für einen Farbdruck, entschied ich. Die Seiten verkauften sich wie Wasser in der Wüste, in der Gunst der Jungs stiegen wir zwischenzeitlich enorm. Wir hatten ihren Horizont nicht nur erweitert, wir hatten ihnen überhaupt erst einen ersten Blick darauf verschafft!

Von dem Erlös kauften wir Bücher, Fußbälle und Stifte. Vor allem aber konnte ich Sybille endlich ins Kino einladen – und durfte ertasten, dass sich bei ihr unter der Bluse auch schon etwas tat. Nicht so prall wie bei den Frauen im Heft, aber 100 Mal schöner!

Der Pfarrer im Essener Gefängnis meinte 50 Jahre später, beim Handel mit den Pin-up-Fotos habe sich mindestens meine Schlitzohrigkeit gezeigt – vielleicht auch die Lust zu testen, was geht und noch toleriert wird und was nicht. Weil ich meinem Kumpel quasi vorgeschlagen hatte, seinem Vater die Fotos zu klauen (nicht mal Mundraub, würde ich sagen), und ihn dann später an den Einnahmen nur zu 50 Prozent beteiligte.

Die Fotos waren irgendwann verkauft – wir trauten uns nicht, die Hefte von Hans-Peters Vater so auszudünnen, dass sogar ein Blinder ertasten würde, dass sie nicht mehr vollständig sind. Ob der Vater Hans-Peter je zur Rede stellte, weiß ich nicht – vorher zogen wir nach Düsseldorf, weil mein Vater versetzt wurde. Ein paar der Fotos lagerten noch in meinem *Weltatlas* – das konnte mich nicht darüber hinwegtrösten, dass wir umzogen. Ich musste Sybille verlassen, meine große Liebe, von der ich gehofft hatte, sie eines Tages so sehen zu dürfen wie die Frauen im *Eldorado*-Magazin.

5. »DEIN VATER IST NICHT DEIN VATER«

Knock-out auf dem Familienfest

Siegen, 1966. Die ersten Monate in Düsseldorf waren frustrierend. Ich war 14, hatte mich mit Sybille im Knutschen versucht, nun war sie weg, der Kontakt riss ab. Auf Schule hatte ich keine Lust, auf neue Freunde auch erst mal nicht. Meinen Eltern nahm ich den Umzug übel, obwohl mein Vater als einfacher Beamter natürlich gar keine Wahl hatte, als er versetzt wurde. In Düsseldorf war kein Ersatz für Sybille in Sicht, die paar *Eldorado*-Seiten, die ich noch hatte, waren längst zerfleddert. Und ich wusste mit meinem Testosteroneinschuss nichts anzufangen, außer gelegentlichem Self-Service, Leichtathletik, Fußball und Handball zu spielen. Mit dem Handballverein des TV Angermund wurde ich sogar mal Niederrheinmeister.

Als meine Eltern mir eröffneten, dass wir am Wochenende zu einem Familienfest nach Siegen fahren würden, hellte sich meine Stimmung ein bisschen auf. Vielleicht bestand eine Chance, alte Freunde zu treffen. Auf dem Familienfest, es war die Konfirmation meiner Cousine Dorothee, gab es dann einen lautstarken Krach mit meinem Vater. Um was es ging, weiß ich nicht mehr genau – ich erinnere mich nur noch dunkel, dass er mich gemaßregelt hat (was er im Gegensatz zu meiner Mutter sehr selten tat) und dass ich ihn daraufhin angebrüllt habe (was öfter vorkam zu der Zeit). Schon lange spürte ich, dass ich aus anderem Holz geschnitzt war als mein Vater: Er war weich, ich war härter, fühlte mich stärker.

Wenn wir Streit hatten, gab ich längst nicht mehr nach, so auch an diesem Tag. Als wir auseinandergegangen waren – und ab jetzt erinnere ich mich sehr genau –, kam ein älterer Cousin auf mich zu, nahm mich zur Seite und sagte aus heiterem Himmel: »Du darfst mit deinem Vater nicht so reden! Wenn du wüsstest, was der durchgemacht hat!« – »Ja, was denn, durchgemacht, was erzählst du da für einen Blödsinn?« – »Ja, zum Beispiel, dass er gar nicht dein Vater ist. Weißt du das denn nicht?« Ich starrte ihn an und schwieg. Was hatte er da gerade gesagt? »Deine Mutter ist damals fremdgegangen, sie hatte einen Geliebten. Im Dorf wusste das jeder! Dein Vater leidet darunter wie ein Hund! Hast du nie etwas gemerkt?«

Schemenhafte Bilder tauchten auf. Ein Mann mit Motorrad, der klingelte. Vielleicht als ich drei oder vier war. Der Geruch von Aftershave. Ein unbekanntes Auto, das am Straßenrand parkte. Oder war das alles Einbildung?

Als die Bombe meines Cousins explodiert war, wendete ich mich ab. Vorher schrie ich noch: »Du lügst! Scher dich zum Teufel!«

Mein Vertrauen ins Leben war nach dieser Begegnung vorläufig zerbrochen. Das ohnehin nur vordergründig heile Familienleben? Eine Lügenblase! Auf dem Geburtstagsfest schwieg ich noch. Als wir im Auto saßen und zurück nach Düsseldorf fuhren, stellte ich meine Eltern zur Rede. »Bin ich nicht euer leibliches Kind? Habe ich einen anderen Vater?« Meine Mutter kanzelte mich ab: Was ich mir erlauben würde! Eine Frechheit! Was für ein ungezogener Junge ich sei! Womit sie so ein Kind verdient habe!

Immer wieder machte ich die Erfahrung, dass es sich nicht schickt, offen zu reden. Dass die Erwachsenen – wenn es ans Eingemachte ging – schwiegen oder mich bestraften. Dass offene Fragen nicht erlaubt waren. Ich verstand das nicht – und versuchte, irgendwie dagegen zu rebellieren. Indem ich in der Schule den Clown oder Lautsprecher gab, indem ich versuchte, Menschen zu beeindrucken. Eine Mischung aus Selbstbewusstsein und Humor, manchmal auch ein bisschen Dreistigkeit, lernte ich, kam meistens gut an. So suchte ich nach der Liebe und Anerkennung, die ich zu Hause nur selten fand.

Meine Mutter hasste ich nach dem Knock-out auf dem Familienfest mehr denn je. Für meinen Vater dagegen empfand ich plötzlich eine wahnsinnige Liebe und Zuneigung, mit ihm solidarisierte ich mich voll und ganz. Aber auch er wollte nicht darüber sprechen, ob ich ein Kuckuckskind war, wenn es im Streit aus mir herausbrach und ich schrie: »Ich war ja nie ein gewolltes Kind. Euch ist doch scheißegal, was aus mir wird!«

Vorläufig lebte ich mit dem Zweifel – und dem Groll auf meine Mutter. Die Geschichte meines Cousins haben mir später, als ich erwachsen war und mich auf die (vergebliche) Suche nach meinem leiblichen Vater machte, einige Familienmitglieder bestätigt. Meine Eltern taten das nicht – sie schwiegen weiter. Trotzdem haben wir uns irgendwann arrangiert. Sie waren unheimlich stolz auf meine Karriere als Kunstberater und gaben mir so auch ein bisschen von der Anerkennung zurück, nach der ich als Kind so gelechzt hatte. Noch kurz vor dem Tod meiner Mutter versuchte ich, eine Versöhnungssituation zu schaffen, wollte ihr die Gelegenheit geben, reinen Tisch zu machen – um auch mir eine Klarheit zu verschaffen, die ich nie bekam. Sie nahm ihr Geheimnis lieber mit in den Tod, wie später auch mein Vater.

Die Konsequenz, die ich aus der Nachricht auf dem Familienfest zog, war: Du musst möglichst schnell unabhängig werden. Ausziehen, eigenes Geld verdienen. Anderswo Liebe finden. Also machte ich mich auf die Suche.

6. WERT IST, WAS GEZAHLT WIRD

Viel Kohle für ein paar Holzskulpturen

St. Tropez/Genf, Sommer 1970. Fleißig war ich in der Schulzeit vor allem dann, wenn es ums Geldverdienen ging: Ich trug Zeitungen aus, jobbte auf dem Bau und in der Gärtnerei, ging putzen, half im Eiscafé, machte fast alles, um mir etwas leisten zu können. Nicht immer waren die Jobs so lukrativ wie der Verkauf von Nacktfotos, aber irgendwann guckte ich schon, dass etwas dabei rumkam. Mit 16, 17 und 18 arbeitete ich bei der Metro – meine Mutter hatte einen guten Job bei Metro-Chef Otto Beisheim im Büro.

Ich trat in den Sommerferien um 6 Uhr morgens bei der Leergutannahme an und schleppte bis 22 Uhr abends Getränkekisten. 160 Mark habe ich so pro Tag verdient. Mit 16 konnte ich mir deshalb einen Motorroller leisten, mit 18 ein altes Auto.

18 war ich auch, als ich lernte, dass man mit Kunst Geld verdienen kann – oder eben mit etwas, was die Leute für Kunst halten. Mit meinem Freund war ich in meiner alten Rostlaube, einem VW Karmann Ghia Cabrio, nach Südfrankreich gefahren. In der letzten Woche waren wir auf einem Campingplatz in der Nähe von St. Tropez. Am Morgen vor der Abreise hörten wir Stimmen vor dem Zelt. »Allô, allô?« Wir spinksten hinaus und sahen fünf dunkelhäutige Männer, die große Säcke voller Klimbim mit sich trugen. »Wollen Sie kaufen?«, fragten sie, und weil ich erst mal neugierig guckte, packten sie gleich aus. Sie zeigten uns ihre Holzschnitzereien, schulterhohe Figuren mit Masken, einige davon mit Kopfschmuck. Das Holz war glatt und glänzte – weil sich unsere Wohnung in Geis-

weid neben einer Schreinerei befand, wusste ich, dass es Ebenholz war, edel und teuer. Ich fragte, was sie denn für eine Skulptur haben wollten? – »100 Francs pro Stück.« – »Das ist viel zu teuer! Wir sind Schüler!« – »Wenn ihr zwei nehmt, kriegt ihr Rabatt, 150 dann für zwei.« – »Wie viele habt ihr insgesamt?«, fragte ich. »20 Stück.«

Der Chefhändler guckte entgeistert, als ich ihn bat, alle Figuren auszupacken, und ihm vorschlug, alle zu kaufen – für 10 Francs pro Stück. Meinem Kumpel entgleisten die Gesichtszüge – er zischte mir zu, dass wir dann nicht mehr nach Hause kämen. Wir hatten unser Budget exakt geplant, mussten noch zweimal tanken und den Platz bezahlen. Ich sagte ihm, er solle mir vertrauen, ich hätte da einen Plan. Und nach Hause kämen wir auch, wenn der Plan nicht aufgehe.

Die Händler diskutierten derweil in ihrer Landessprache, es wurde laut und hitzig. Schließlich sagte ihr Boss: »1000 Francs, und du kannst sie alle haben!« – »Wir haben nur noch 800 Francs und müssen noch tanken und den Platz zahlen. 250, mehr kann ich euch nicht geben.«

Sie diskutierten weiter, wir bauten derweil das Zelt weiter auf. Ich lachte, mein Kumpel schimpfte leise. Schließlich sagte der Chefhändler: »Gut, 500!« – »300!« Jetzt wollten sie abziehen, zumindest einer, der die anderen wegziehen wollte. Sie fluchten weiter, wahrscheinlich wünschten sie mir den Teufel an den Hals. Hans-Georg befürchtete schon, dass sie nun definitiv abziehen würden.

Doch nach endlosem Geplänkel kam der Verhandlungsführer zu uns zurück und sagte: »350 Francs, kein Centime weniger!« Ich grinste, bat Hans-Georg um sein Portemonnaie und zahlte. Die 20 Skulpturen packten wir auf den Rücksitz des Cabrios.

»Und was sollen wir morgen essen?«, fragte Hans-Georg. »Wir werden die Skulpturen verkaufen und danach lade ich dich in ein feines Restaurant ein«, sagte ich. »Wehe, wenn das nicht klappt und wir betteln müssen, um bis Deutschland nicht hungern zu müssen«, sagte er, als wir uns in unsere Schlafsäcke mummelten.

Auf der Rückreise machten wir Halt an der Promenade von Genf, mit Blick auf den See, die Alpen und die großzügigen Häuser der Privatbanken. Genf war auch 1970 schon eine Stadt mit viel Geld, inzwischen ist in kaum einer Stadt auf der Welt mehr privates Geld gebunkert als in Genf.

Übrigens befindet sich am Genfer See schon lange eine der größten Kunstschatzkammern Europas: In einem gigantischen Zollfreilager, in dem Waren zollfrei zwischengelagert werden können, liegen allein 1000 Bilder und Zeichnungen von Picasso, Hunderte Werke holländischer Barockmaler, französischer Impressionisten, Dutzende Werke von Pop-Art-Künstlern wie Warhol oder Lichtenstein, dazu antike Vasen, Münzen, Juwelen, Luxusuhren, Oldtimer und mehrere Millionen Flaschen wertvoller Weine. Ich habe mit meinen Firmen selbst dort über Jahre Kunst verwaltet. Auch wertvolle Holzskulpturen sind dort natürlich gelagert.

Unsere Holzfiguren aus Ebenholz breitete ich am Genfer See auf der Kühlerhaube unseres Cabrios aus. Auf ein Pappschild kritzelte ich: »À vendre: sculptures d'Afrique« (»Skulpturen aus Afrika zu verkaufen«).

Der erste Interessent kam nach wenigen Minuten. Was eine Skulptur kosten solle? 300 Franken pro Stück. Das sei zu viel. Er bot 200, dann wolle er gleich zwei mitnehmen. Ich tat so, als müsste ich überlegen ... Nach drei Stunden hatten wir fast alle Figuren verkauft – und mehr Geld im Portemonnaie als vor dem Urlaub. Wie versprochen lud ich Hans-Georg in ein schickes Genfer Restaurant ein, bevor wir üppig Proviant einkauften und nach Hause fuhren.

7. EIN DORFJUNGE IN EINER WELTSTADT DER KUNST

Zur rechten Zeit am linken Ort

Düsseldorf, ab 1971. Wie wurde ein Dorfjunge aus einem Kaff in der Nähe von Siegen zum ersten *Art Consultant* Deutschlands, der in vier Jahrzehnten mehr als 100 große Unternehmen und ungezählte Sammler mit Kunst versorgte, die heute 4 oder 5 Milliarden Euro wert ist?

Zwei Aspekte kamen mir zu Hilfe, auf die ich keinen Einfluss hatte: die Zeit und der Ort. Düsseldorf war Mitte der 1970er-Jahre das deutsche Zentrum der Kunst, wenig später auch des Punk und des Pop. Es gab weltweit keine Stadt vergleichbarer Größe, die bekannter war. Zumindest nicht, wenn es um zeitgenössische Kunst ging. Düsseldorf war – in dieser Hinsicht – eine Stadt von internationalem Rang. Und meine Eltern waren mit mir 1966 von Siegen nach Düsseldorf gezogen. Ein naiver, aber selbstbewusster Junge mit ausgeprägtem Händler-Gen und Entdeckergeist, hineingeworfen in eine Weltstadt der Kreativen.

Als ich 1971 mit dem Studium der Sozialpädagogik begann, war Joseph Beuys ein internationaler Star, der für einen neuen Kunstbegriff stand, während die Düsseldorfer Band Kraftwerk mit ihrem Album *Autobahn* den Elektropop erfand und Weltruhm erlangte. Später schrieb die *New York Times*, Kraftwerk seien die »Beatles ihres Genres, Revolutionäre einer neuen Musikepoche«. Sie spielten in Düsseldorfer Clubs, in denen ich staunend stand und nichts verstand, euphorisiert und zukunftsfroh.

Im »Ratinger Hof« und im »Weißen Bär« traf man ein paar Jahre später auch einen Mann mit weißem Pelzmantel, der stets von umwerfend attraktiven Mädels umschwirrt wurde: Er hieß Jörg Immendorff und wurde Jahre später zu einem engen Freund. Jörg pflegte das Image des Künstlers und harten Kerls, des sensiblen Machos, politisch, subversiv und widersprüchlich. Anfangs bewunderte ich ihn nur, später fand ich in ihm so etwas wie einen Seelenverwandten – und entdeckte auch seine verletzlichen Seiten. *Waghalsiger Versuch, in der Luft zu kleben*, hat der Schriftsteller Tilman Spengler eine fiktionale Biografie über Immendorff genannt.

Mit Jörg und vielen anderen ließ ich mich durch Düsseldorf treiben, ohne darüber nachzudenken, ob mein rastloses Tun irgendwann Konsequenzen haben könnte. Punker und Rocker, Akademiker, Künstler und Intellektuelle waren sich im »Ratinger Hof« bei Altbier und Grastüten zumindest in einem Punkt einig: Düsseldorf ist der Nabel der kreativen Welt. Und diese Welt wollen wir verändern!

Niemand hier wollte im Niemandsland der bürokratischen Zukunft sitzen und dort sein Leben verpassen, niemand wollte sich langweilen, kaum jemand wollte zum Establishment gehören. Ich studierte zwar Sozialpädagogik, streunte aber lieber bei den Kunststudenten herum, die AStA-Vertreter der Kunstakademie waren subversiver und kreativer, die Debatten mit ihnen offener und streitlustiger als die mit den Sozialpädagogen oder Juristen. Die Kunststudenten waren überschwänglicher, mutiger und gegenwärtiger, die Mädchen hübscher.

Im »Creamcheese« und manchmal auch im »Ratinger Hof« traf sich die künstlerische und musikalische Avantgarde. Dort war ich staunender, kleinbürgerlich geprägter Zaungast: Ich verstand die Codes des erlauchten Kreises aus Musikern, Künstlern und Intellektuellen nicht, der nicht nur konsequent antibürgerlich war, sondern auch etwas Unnahbares, Abgehobenes hatte. Und bewunderte diese Aura umso mehr: Die Leute, die zu dem Kreis dazuzählten, hatten etwas zu sagen. Sie waren wichtig, irgendwie.

Das »Creamcheese« war schon für sich eine kleine Revolution: Die Theke hatte der ZERO-Künstler Heinz Mack mit einer 20 Meter langen Spiegellamellenwand versehen, die jeden und alles verzerrte. Günther Uecker steuerte einen riesigen Nagel in einem Metallkäfig bei und filmte die Besucher, Joseph Beuys, Anatol Herzfeld und viele andere Künstler tobten sich mit Aktionen und *Happenings* aus, auf Regalen liefen auf 24 Fernsehern Kunstvideos, in denen sich die Stammgäste auch selbst wiederfanden.

Ich fiel als naiver, kunstinteressierter Eroberer und Entdecker in diese Läden hinein wie ein Schulbub in die Eckkneipe des Vaters und atmete den Geist der Zeit, ohne wirklich schlau aus ihm zu werden. Von der Avantgarde war ich denkbar weit weg. Aber dass Geschichte gemacht wird und man nicht nur zusehen darf, davon war ich auch überzeugt. Dafür musste man vorangehen.

Wir wollten etwas Schöneres, Besseres, Menschlicheres als das, was unsere Eltern uns vorgelebt hatten. Wir wollten keine Angst mehr haben und nicht länger angepasst sein. Ob das irgendwann in einer Revolution endete oder in einer Tragödie, war uns egal. (Bei den meisten, auch bei mir endete es relativ früh mit einem in vielen Bereichen doch ziemlich bürgerlichen Leben, wenn auch in einer schillernden Szene.)

Einige Jahre nach der ersten Begegnung mit der Avantgarde verwirklichte ich mit einigen Heroen dieser Orte – mit Uecker, Mack, Beuys oder dem Designer Danilo Silvestrin, der das »Creamcheese« gestaltet hatte – selbst wunderbare Projekte.

Die Düsseldorfer Punks waren radikaler, die Künstler ironischer und lebenslustiger. Ich war weder Punk (zu bürgerlich) noch Künstler (zu talentfrei), fühlte mich Willy Brandt viel näher als Beuys, war aber genauso gegenwartsgeil wie die Kreativen, und in meinem überbordenden Schaffensdrang auch ähnlich anarchisch. Ich hatte Ideen, wollte dazugehören, wollte auch Geld verdienen, unabhängig sein.

Die Akademie und ihre Umgebung waren ein Energiefeld mit gewaltiger Veränderungskraft. Wahrscheinlich ist die Zeit in meiner Erinnerung großartiger, als sie damals wirklich war. Trotzdem, so viel ist sicher: In den angesagten Kneipen, Clubs, Ateliers und

Galerien hatte die Jugend das Gefühl, Teil von etwas Großem zu sein – eines Aufbruchs in eine neue Zeit, in der Musik, Kunst und ein freiheitliches Denken an Bedeutung gewinnen würden, die sie nie hatten. Für einen Jungen aus Geisweid am Birlenbach war das noch aufregender als für einen jungen Menschen aus der Großstadt.

Klar waren wir bereit, die Weltherrschaft zu übernehmen! Sie sollte frei sein von kapitalistischer Ausbeutung, faschistischem und rassistischem Denken, frei von kleinbürgerlicher Spießigkeit, die ich von zu Hause so gut kannte und dringend loswerden wollte. Jeder Mensch sollte Künstler sein! Und damit ließ sich ja vielleicht auch Geld verdienen – denn das wollte ich, Kapitalismuskritik hin oder her, immer. Ich glaubte an den dritten Weg zwischen Sozialismus und Kapitalismus.

Und lernte schnell, wenn auch in vieler Hinsicht oberflächlich. Klar las ich im *Kapital* von Marx und in der *Mao-Bibel* mal ein paar Abschnitte. Es reichte nur für ein paar markige Sätze am Tresen, aber damit war ich ja nicht allein. Politisch altklug war mit Anfang 20 schließlich fast jeder. Und so diskutierten wir über Sinn und Unsinn der RAF, eine gerechtere sozialistische Gesellschaft und das Übel eines Kapitalismus auf dem Rücken der Armen. Die wichtigste Funktion von Politik war für uns, für mehr Gerechtigkeit zu sorgen. Für mich hat sich daran bis heute nichts geändert. Ich bin in einer Kammer meines Herzens ein Linker geblieben – und habe nie FDP oder CDU gewählt, auch wenn ich als erfolgreicher Unternehmer viele Gründe dazu gehabt hätte.

Viel öfter als über Politik sprachen wir Anfang der 70er-Jahre in Düsseldorf aber über Mädchen, Kunst und Musik. Ähnlich wie Immendorff trug ich Pelzmantel, Vollbart und Stiefel, fuhr allerdings Ente statt Sportwagen und konnte über den Schwarm hübscher Frauen, der Jörg umgab, sobald er irgendwo Hof hielt, nur staunen.

Ich dagegen heiratete mit Anfang 20 zum ersten Mal – meine etwas ältere Freundin war schwanger. Mit 21 wurde ich Vater.

8. FÜR WILLY UND ALLENDE

Warum ich still mit der RAF sympathisierte

Düsseldorf, ab 1972. In den ersten Semestern als Sozialpädagogikstudent wollte ich dringend und mit ziemlicher Sicherheit nach dem Studium nach Chile auswandern. Ich träumte vom ersten demokratischen Sozialismus, dem Salvador Allende dort als Staatschef vorstand, und wollte als Sozialarbeiter und politischer Aktivist dabei sein, wie eine gerechtere Gesellschaft gelebt wird.

Ich war politisch bewegt, beeinflusst von der Hippie-Bewegung, ohne jemals Drogen zu nehmen. Als AStA-Vorsitzender der Sozialpädagogen organisierte ich 1971 die Demonstration »Mieter kontra Makler« und setzte mich mit einem Megafon unter der Tausendfüßler-Hochstraße für kommunale Wohnungsvermittlung ein – immerhin mit dem Ergebnis, dass wir vom Chef des Liegenschaftsamts mehrere Häuser für studentische Wohnprojekte erhielten. 1973 war ich einer der Initiatoren eines Fackelzugs für Willy Brandt, gegen den die Opposition ein Misstrauensvotum gestellt hatte. Es kamen mehr als 3000 Menschen.

Brandt und Allende waren meine Helden. Wie fast jeder Student hielt ich links für gleichbedeutend mit gut. Die Rechten waren die Schlechten. Gleichzeitig bewunderte ich, wie Joseph Beuys mit Fett und Filz gegen die modrigen und stinkenden Altnazi-Sümpfe aufbegehrte und jeden aufforderte, sich mit seinen Schichten unter der Berufsuniform auseinanderzusetzen.

Das Spießbürgertum war unser erklärter Feind. Als ich Mitte der 70er-Jahre in eine Verkehrskontrolle geriet und fast erschossen worden wäre, wurde ich, Pazifist durch und durch, zeitweilig sogar zum stillen RAF-Sympathisanten. Ich wollte den Krefelder Künstler Adolf Luther besuchen, fuhr in Düsseldorf über die Autobahn, irgendwann tauchte ein blauer Ford Granada hinter mir auf, eine Kelle ging raus. »Allgemeine Verkehrskontrolle, zeigen Sie uns Ihre Papiere!« Ich griff zu einer Tasche auf dem Beifahrersitz. »Wenn du die Tasche aufmachst, bringen wir dich um!«, schrie einer der Beamten und zückte seine Waffe. Ich musste die Tasche auf die Kühlerhaube legen und mit erhobenen Händen aus dem Auto kommen. »Bevor ihr uns umlegt, legen wir euch um«, brüllte der Bulle. Die Hysterie war nach den Morden der RAF grenzenlos – jeder war verdächtig, vor allem die, die wie ich lange Haare und Bart trugen.

Der Staat schien sich gegen die Langhaarigen verbündet zu haben. Immer wieder erzählten Kommilitonen und Künstler, wie schändlich Polizisten sie behandelt hatten. Wir sahen in solchen Aktionen den Faschismus wiederauferstehen. Die Konservativen hatten Angst vor einer linken Revolution, wir hegten unseren Groll gegen die Obrigkeit und gegen vermeintliche Altnazis.

Allerdings kamen mir auch schon recht früh Zweifel an der ideologischen Linken: Die endlosen Debatten verliefen nicht selten im Nirwana. In unserem Wohnprojekt an der Neusser Straße, das ich beim Liegenschaftsamt erstritten hatte, funktionierte die Basisdemokratie auch nicht so richtig: Der Kühlschrank, der von jedem der elf Mitbewohner im Wechsel gefüllt werden sollte, war oft leer. Die Klos und Flure blieben häufig ungeputzt. Keiner fühlte sich verantwortlich. Wenn ich von der Arbeit in der Kneipe oder später in meiner ersten Galerie nach Hause kam und maulte, weil es nichts mehr zu essen gab, war ich schnell der kapitalistische Spießer.

Im Rückblick waren Linke oft so lange links, bis sie eine bürgerliche Perspektive bekamen. Was sie eben noch verachtet hatten, verteidigten sie dann – oder zogen sich auf theoretische Debatten zurück.

Viele der selbst ernannten Linken waren nicht weniger kleinbürgerlich als die verhassten Konservativen – sie waren oft sogar angepasster, schließlich musste man nicht gerade mutig oder anders sein, um links zu sein. Trotzdem waren die Linken für mich die Guten – und das ist, wenn auch irgendwann nicht mehr ideologisch, auch so geblieben. Obwohl ich nach einigen Jahren viel Geld verdiente und der Kunstmarkt zum Symbol des globalisierten Turbokapitalismus wurde, wählte ich weiter SPD, hatte seit 1971 auch ein Parteibuch. Meine Ex-Frau Dorothee kündigte die Mitgliedschaft, als ich im Gefängnis saß. Sie wollte sie verständlicherweise nicht mehr zahlen. Ich hatte ihr genug Schulden hinterlassen.

Als Unternehmer hätte es nahegelegen, zur FDP zu wechseln – aber das Prinzip von Solidarität und sozialem Ausgleich ist mir bis heute sympathischer als der Gedanke, dass sich nur jeder genug anstrengen muss, um erfolgreich zu werden. Obwohl ich selbst ein Leben mit jedem erdenklichen Luxus führte und mich benahm wie ein neureicher Turbokapitalist, sah ich mich als jemand, der mit dem Geld von Menschen gut verdient, denen es nicht wehtut.

So widersprüchlich die eigentlich pazifistische politische Bewegung der 70er-Jahre mit ihrer oft kaum versteckten Sympathie für Terroristen war, so widersprüchlich war auch ich. Widersprüche, das habe ich mit Anfang 20 als politisch bewegter und kunstinteressierter Kerl nach und nach gelernt, machen jeden von uns im Kern aus. Interessen von Politikern, Galeristen, Künstlern oder Kunsthändlern sind oft genauso widersprüchlich und kurzlebig wie private. Hinter der vermeintlichen Wahrheit steckt oft ein Eigeninteresse.

Offen ausgelebt oder auch nur ausgesprochen werden die Widersprüche allerdings selten – weil das den Werten und Codes des sozialen Miteinanders widerspricht. Für das Ausleben von Widersprüchen sind vor allem Künstler zuständig, auch Musiker und Schriftsteller. Sie halten der Gesellschaft und jedem Einzelnen den Spiegel vor – und erinnern uns daran, wie viele Möglichkeiten zu leben und sich auszudrücken in uns stecken. Es sind ganz andere und viel größere als die, die das System, in dem wir leben, uns vorgibt.

Künstler stehen für eine Freiheit, die für die meisten eine lebenslange Utopie, aber auch eine Hoffnung bleibt. Dafür werden sie von vielen bewundert – gerade von denen, die angepasst und zutiefst bürgerlich leben.

Wenn ich rückblickend in den Spiegel gucke, sehe ich einen Typen, der ziemlich viele seiner Facetten ausgelebt hat. Exzentrische und narzisstische, aber auch idealistische und altruistische Anteile. Und der sich in diesem manchmal zügellosen Ausleben hin und wieder ziemlich verstrickt hat, der sich nicht immer bewusst war, was er mit all seinem rastlosen Schaffen bewirkt – und anrichtet. Was Geschäfte betrifft, aber auch, was Frauen, Kinder und Familie angeht.

Es gibt dieses Bild von der Kerze, die an beiden Enden brennt. Passt. Allerdings, zum Glück, im Gegensatz zu einigen Weggefährten, die früh starben, ohne Drogenkonsum. Es war ein rastloses Schaffen und Ringen nach Liebe und Anerkennung.

Mein politisches Engagement als Student blieb – wie nicht wenige meiner Aktionen und Projekte – eher oberflächlich, wenn auch engagiert und kraftvoll. Meine Interessen waren einfach zu vielfältig: Die linken sozialistischen Ideen, der Traum von Chile, die Hochschulpolitik, der Einsatz für bessere Resozialisierung im Strafvollzug, die Kunst, die Frauen. Ich verhandelte mit dem Liegenschaftsamt über Studentenwohnungen und mit dem Kulturdezernenten über ein Kulturfestival; zwischendurch betrieb ich 1973 für ein Jahr eine Kneipe, die »Destille«, und schrieb – eher schlecht, aber engagiert – zwischendurch für die *NRZ* und die *RP* Artikel über Hochschulpolitik. Ich war extrem hochtourig unterwegs und spürte immer wieder: Wenn ich mir etwas vornahm und marschierte, konnte ich etwas erreichen. Ich konnte reden, Menschen überzeugen und hatte keine Angst vor Neuem, Unbekanntem. Im Gegenteil.

Wenn etwas misslang, misslang es eben. Wenn Beuys über die Idee zu einem Kulturfestival freundlich lächelte und sagte, er habe leider keine Zeit, sich zu beteiligen, finde den Gedanken aber toll, hatte er sich immerhin die Zeit genommen zuzuhören, und stimmte der Idee zu. Das Glas war immer halb voll und ließ sich mit jeder Idee neu füllen. Zum Teil lag das an meinem Optimismus, zum Teil aber auch an der Zeit, in der das Gefühl von Gemeinschaft wichtig war: Wenn man politisch ähnlich dachte, in den gleichen Kneipen und Galerien verkehrte, zu den gleichen Demos ging, half man sich auch gegenseitig: Man teilte das Geld, wenn einer Farbe und Leinwände brauchte, man tauschte Ideen aus – und manchmal auch die Sex-Partner.

In dem unglaublichen Energiefeld suchte ich nach einem Platz, auf dem ich meine eigene Power dauerhaft einspeisen konnte. Wäre der Diktator Augusto Pinochet am 11. September 1973 in Chile nicht an die Macht gekommen, hätte ich Düsseldorf nach dem Studium tatsächlich verlassen und wäre nach Chile gegangen, mindestens für drei, vier Jahre, vielleicht sogar für immer. Ich träumte vom demokratischen Sozialismus, einer südamerikanischen Frau und vielen Kindern. Der Traum von den vielen Kindern immerhin erfüllte sich.

9. KNASTERFAHRUNG MIT 21

Mit Vollbart und Latzhose in der Verwahranstalt

Siegburg, 1973. Als die Luftwaffe begann, den Präsidentenpalast zu bombardieren, und das Militär in den Palast eingedrungen war, nahm sich Salvador Allende das Leben. Von dem Militärputsch erfuhr ich aus dem Radio (WDR 2) während der Fahrt ins Siegburger Jugendgefängnis, wo ich montags bis donnerstags ein einjähriges Anerkennungspraktikum absolvierte. Die Nachricht vom Tod Allendes war ein Schock. Nicht nur für mich persönlich, für die ganze internationale Linke brach eine Welt zusammen.

Diktator Pinochet, der von den USA gestützt wurde, stand für die Eliminierung demokratischer Freiheiten – und für eine neoliberale Wirtschaftspolitik, die sich um die Armen nicht scherte. Pinochet schwor, den internationalen Kommunismus zu bekämpfen, den Humanismus bekämpfte er gleich mit. Der Sturz Allendes hatte Folgen für viele Länder auf der ganzen Welt, wo Linke für eine gerechtere, sozialere Gesellschaft ohne Gewalt und Repression kämpften. Er wirkte wie ein schwerer Niederschlag.

Ich hatte mich für ein Berufspraktikum im Knast entschieden, weil mich der Jugendstrafvollzug interessierte. Es gab zwar gesetzlich verankerte Lippenbekenntnisse zu »Resozialisierung«, »Integration« und »legaler Bewährung«, im Alltag wurden die meisten straffälligen Jugendlichen aber einfach weggesperrt – und fuhren, wenn sie draußen waren, schnell wieder ein. Die Rückfallquote lag bei über 50 Prozent. Wie oft habe ich in meinem Siegburger

JVA-Jahr junge Kerle erlebt, die mich als Verbündeten sahen, die schworen, mich nie oder höchstens bei einem Bier in der Kneipe wiederzusehen, und zwei, drei Wochen nach der Entlassung wieder da waren! Die Gespräche mit ihnen haben mir die Augen dafür geöffnet, wie schnell Biografien kippen können. Wie wichtig Halt und Urvertrauen sind. Wie schwer es für jeden von uns ist, aus seiner Haut herauszukönnen.

Der Jugendstrafvollzug war konservativ und autoritär geprägt. Mit meinem Vollbart, Strickpullover, Latzhose und Cowboystiefeln fiel ich also auf. Die Wärter zogen die Augenbraue hoch, wenn ich kam, die Insassen nannten mich unter vorgehaltener Hand »Exot« oder »Hippie«. Mir war das egal. Vielleicht fand ich es sogar gut, dass alle mich anglotzten.

Viel weiß ich von der Zeit nicht mehr. In Erinnerung geblieben ist mir, dass Drogen ein riesiges Problem waren: Marihuana rauchten fast alle, viele Insassen spritzten Heroin. Ich erlebte, wie Inhaftierte an einer Überdosis starben. Als ich 40 Jahre später selbst im Gefängnis saß, hatte sich das kaum geändert: Die Rückfallquote betrug weiterhin über 50 Prozent. Mindestens 30, eher 40 oder 50 Prozent der Gefangenen hatten ein massives Drogenproblem. Viele saßen wegen Bagatelldelikten, was mehr als grotesk ist. In einem der reichsten Länder der Welt sind die Gefängnisse voll mit Menschen, die wegen Schwarzfahrens oder chronischer Schulden einsitzen. Ein Skandal.

Der deutsche Strafvollzug ist in 40 Jahren zwar deutlich humaner geworden, resozialisiert werden aber weiterhin nur wenige. Auch, weil es an Personal fehlt, die Integration also weiter nur auf dem Papier steht. Wie es richtig geht, machen, übrigens genau wie im Bildungsbereich, die Skandinavier vor: Dort sind die Rückfallquoten vergleichsweise niedrig. Weil viel mehr Sozialarbeiter, Psychologen, Pädagogen und andere Fachleute da sind, die sich um die Inhaftierten kümmern und ihnen Perspektiven abseits der Kriminalität vermitteln.

Als unsere Praxisanleiterin in der JVA Siegburg dauerhaft krank wurde, übertrug man mir nach wenigen Wochen die Verantwortung für 90 Insassen. Betreuung, Gruppengespräche und die Vorbereitung auf die Entlassung zählten zu meinen Aufgaben. Zwischendurch bekam ich Atemnot und sogar Albträume – die Aufgabe überforderte mich total. Wahrscheinlich war es auch nicht erlaubt, einem Studenten zu sagen: »So, mach mal, wir haben gerade keine Leute.« Andererseits war es eine gute Schule: Durch die Arbeit mit den jungen Häftlingen machte ich die Erfahrung, dass man nicht immer alles wissen muss, um einen ordentlichen Job zu machen. Dass es gut ist, auf seine Intuition zu vertrauen und Menschen erst mal zuzuhören, was sie wollen, was sie bewegt. Das war später auch meine Maxime als Kunstberater: zuhören, auf Menschen eingehen, erfragen, was sie sich wünschen. Vorschläge machen, eigene Ideen entwickeln – und dann umsetzen.

Als Praktikant wäre ich allerdings ohne Unterstützung immer wieder aufgeschmissen gewesen. Geholfen hat mir ein wunderbarer Psychologe, der in den Mittagspausen seine Gitarre rausholte und Lieder sang. Er hieß Konrad Beikircher, machte später Karriere als Kabarettist und hielt zu meinem 60. Geburtstag eine launige Rede. Vor seinem Job in der JVA Siegburg war er Psychologe im Knast in Köln-Ossendorf. Dort empfing man ihn am ersten Tag mit den Worten: »Ein Beamter geht nicht, ein Beamter schreitet!« Irre. Als wir uns nach meiner Freilassung trafen und an früher erinnerten, sagte Konrad, ich sei »ein bisserl anders als die anderen Sozialarbeiter gewesen«. Viele seien »aus der Fürsorge-Ecke gekommen« und hätten sich zum Beispiel darum gekümmert, dass die jungen Knackis genug essen und möglichst keine Drogen nehmen. Mich habe er als heiter, optimistisch, neugierig und ziemlich unangepasst in Erinnerung, ich hätte über Einzel- und Gruppengespräche mit vielen Jugendlichen eine enge Verbindung hergestellt.

Konnte ich mich nicht mehr dran erinnern, stimmt aber mit dem überein, was ich 40 Jahre später bei meinen unfreiwilligen Jahren im Knast erlebt habe: Viele Inhaftierte suchten das Gespräch mit mir, für einige wurde ich so etwas wie ein Ersatzvater. Auch Heiterkeit und Optimismus fand ich nach einigen düsteren Monaten dort relativ schnell wieder.

Konrad und ich gingen dann viele Jahre getrennte Wege, bis wir über einen gemeinsamen Bekannten – den ehemaligen Sony-Chef Klaus Zimmermann, der zwischenzeitlich für mich als Berater gearbeitet hatte – wieder zusammenfanden. Als ich im offenen Vollzug war, sprach Konrad mir Mut zu. Er wusste aus 15 Jahren als Gefängnispsychologe, wie es einem nach zweieinhalb Jahren in der Zelle geht, dass einzelne Taten nie den ganzen Menschen ausmachen.

Das war eine weitere Lehre meines Jahrs in Siegburg: Kein Mensch ist ganz und gar böse – solch eine Vorstellung ist naiv und letztlich auch dumm. Wenn man sich auf den Weg macht zu ergründen, warum Menschen handeln, wie sie handeln, ist schon viel erreicht. Das heißt nicht, dass sie nicht verantwortlich sind für ihre Taten. In Siegburg war ich als junger Sozialpädagoge aber zum Beispiel für einige Jugendliche einer der ersten Menschen, die ihnen je zugehört haben. Dass solche Leute gefährdeter sind abzudriften, also solche, die sich in ihrer Familie und unter Freunden immer aufgehoben fühlten, ist wohl nachvollziehbar. Wie gesagt, keine Entschuldigung. Schon gar nicht für meine eigenen Taten. Aber nur wenn Menschen um die Hintergründe ihres Fehlverhaltens wissen, lässt sich ihr Leben womöglich auch so ändern, dass sie es nicht wieder tun.

AUFSTIEG

10. DIE ERSTE GALERIE

Wie ein Militärputsch mich zur Kunst brachte

Düsseldorf, 1974. Mit dem Tod Allendes und dem Putsch in Chile hatte ich meine Perspektive für die Zeit nach dem Studium verloren. Aufgefangen hat mich vor allem die Kunst. Ich ging gern in Galerien und war fasziniert von dem Prinzip, dass da Bilder hingen – manchmal vermeintlich nur ein paar Farbklekse oder eine blaue Leinwand – und Menschen diese kauften, einige Werke für viele Tausend Mark!

Immer mal wieder fragten Kunststudenten mich, ob ich nicht eine Galerie eröffnen wolle – ich könne doch so gut reden und Menschen zusammenbringen. Super Idee! Aber wie sollte das funktionieren? Ich hatte kein Geld – und vor allem keine Ahnung! Geld, ahnte ich immerhin, ließe sich organisieren. Und Ahnung war vielleicht nicht ganz so wichtig, das wusste ich auch aus der Arbeit im Jugendknast oder auch vom Verkauf der afrikanischen Holzskulpturen in Genf. Man musste Menschen vor allem überzeugen können – und das beherrschte ich.

Also pumpte ich meinen Onkel Kurt an, der in Siegen erfolgreich mit Rohstoffen handelte, und bat ihn um 30 000 Mark. Doch Kurt kam der Gedanke, mit dem Verkauf von Bildern Geld zu verdienen, so abwegig vor wie die Vorstellung, in Geisweid könne es eines Tages etwas anderes geben als die Industrie, seinen Betrieb, flache Felder mit grasenden Kühen, penibel gepflegte Vorgärten und die sonntägliche Messe. »Was ist das überhaupt, eine Galerie?«, fragte er. Stattdessen schlug er vor, ich könne nach dem Studium in seine Firma einsteigen. Aber in Geisweid mit Öl und Kohlen handeln, das wollte ich nicht. Ich wollte alles sein, was Geisweid nicht war.

Um mir wenigstens ein bisschen Ahnung anzueignen, schrieb ich mich an der Bochumer Ruhr-Uni für Kunstgeschichte ein. Es blieb dann allerdings bei einer einzigen Vorlesung: Wir saßen in einem abgedunkelten Raum und sollten die Kompositionsschemata von Kunstwerken analysieren, die per Diapojektor an die Wand geworfen wurden. Vielleicht bin ich eingeschlafen, zumindest war ich kurz davor. Ich erinnere mich nur noch daran, dass die Mädchen sehr hübsch waren. Aber selbst die konnten mich nicht motivieren wiederzukommen.

Ein Lehrer an der Düsseldorfer Akademie gab mir schließlich einen Tipp, den ich beherzigte: »Du musst erst mal 10 000 Kunstwerke gesehen haben, bevor du weißt, um was es geht«, sagte er. Also besuchte ich Galerien, Museen, Kunstvereine und die Ateliers meiner Freunde und Bekannten, lernte die Galeristen Alfred Schmela, Franz Swetec und Hans Mayer kennen, Leuchtsterne ihrer Zunft. Wegen der Latzhose und dem Vollbart guckte mich hier keiner schief an.

Wenn mich Freunde jetzt fragten, was ich nach dem Studium machen wolle, sagte ich nicht mehr »nach Chile auswandern« oder »Bewährungshelfer werden«, sondern: »Galerist«. In einer Werbeagentur, in der ich als Nachtwächter arbeitete, lernte ich dann, wie eine Galerie in etwa funktioniert: Der Personalchef der Werbeagentur hieß Dietmar Löhrl und leitete nebenher noch eine Galerie am Niederrhein. Er lud mich zu seinen Ausstellungen ein und erklärte mir das Geschäft von der Pike auf. »Ich möchte auch Galerist werden«, sagte ich ihm gleich am ersten Tag, und er merkte mir wohl an, dass das nicht nur ein etwas zu selbstbewusster Spruch eines 21-Jährigen war.

Zufällig stieß ich wenig später auf einen geeigneten Ausstellungsraum in der Bismarckstraße. Er lag über der Buchhandlung

Nauhaus, für die ich einmal pro Woche Bestellungen ausfuhr. Die Buchhändlerin Erika Nauhaus vermietete mir den Raum, mein Vater war nicht überzeugt, bürgte aber trotzdem für einen Bankkredit in Höhe von 20 000 Mark. Dietmar Löhrl wunderte sich, als ich ihm einige Wochen nach dem ersten Gespräch sagte, jetzt loslegen zu wollen, ich hätte einen Raum und genug Geld. Er bot mir an, mir bei der Organisation der ersten Ausstellung zu helfen und die Galerie mit mir zusammen zu führen. Die Ausstellung *ZERO* der »Galerie Achenbach & Löhrl« im September 1973 war dann ein Selbstläufer – was allerdings nicht an mir lag. Wir stellten die renommierten ZERO-Künstler Otto Piene, Heinz Mack und Günther Uecker aus, die schon international bekannt waren.

Ich konnte damals eine Grafik nicht von einer Zeichnung unterscheiden und hielt Eitempera für eine italienische Vorspeise – und verkaufte am ersten Tag trotzdem Grafiken, Zeichnungen und Drucke im Dutzend. Löhrl wusste, dass die Ausstellung kein Risiko war und einem *Greenhorn* wie mir ein sicheres Erfolgserlebnis bescherte. Das Selbstbewusstsein blähte sich allerdings in der Folge erst mal nicht weiter auf, als ich unbekannte Künstler wie Milan Mölzer oder den Inder Paramjit Singh ausstellte, Künstler, mit denen ich um die Häuser zog, die aber nur schwer zu vermitteln waren. Mit solchen charismatischen Freigeistern durchs Land zu fahren, um ihre Bilder zu verkaufen und die Zeit zu genießen, war wunderbar – wenn es auch nicht dazu beitrug, der Galerie zum Erfolg zu verhelfen.

In der Galerie hielt meistens ein Freund von mir die Stellung, während ich auf Streifzug durch andere Galerien, Ateliers, Bars und Betten war. Das Galeristendasein hat mich eigentlich vom ersten Tag an gelangweilt – ich war viel zu hibbelig, um tagein, tagaus auf Kunden zu warten.

Immer wenn mir der Beruf allerdings den Zugang zu neuen Menschen und Welten eröffnete, war ich fasziniert. Als ich dem Galeristen Georg Nothelfer auf seinem Stand der Internationalen Düsseldorfer Kunst- und Informationsmesse IKI half, kam ein Mann im

Dreiteiler mit einer hübschen, aufgetakelten jungen Begleitung zu uns, die vermutlich nicht seine Tochter war. Er stellte sich als Henri Nannen vor und interessierte sich besonders für ein *Stukas*-Bild von Gerhard Richter. Wie viel das kosten solle, fragte er. 8000 Mark, sagte ich. So viel Geld habe ich nicht, sagte der Verleger-Millionär und Gründer des *Stern*. Es sei aber das beste Bild auf der ganzen Messe, sagte ich. Zu teuer, sagte Henri Nannen. Nein, sagte ich, ziemlich preiswert, es werde im Wert immens steigen! Nannen schüttelte den Kopf und zog ab. Der Verleger erlebte die Zeit übrigens noch mit, als der Wert der Richter-Bilder ins Unvorstellbare stieg. Das *Stukas*-Bild ist heute sicher 20 Millionen Euro wert.

Auf der gleichen Messe lernte ich Günther Uecker kennen. Ich erstarrte kurz, als er mir die Hand drückte und nach meinem Namen fragte – Uecker war nicht nur als Künstler international bekannt, sondern auch einer der Protagonisten des »Creamcheese«. Teil der Avantgarde also, die ich ähnlich naiv bewunderte wie Che Guevara oder den Massenmörder Mao Zedong. Uecker erwies sich allerdings als gänzlich uneitel. Er zeigte mir die Messe und stellte mir Alfred Schmela vor, einen der wichtigsten Galeristen seiner Zeit. An Schmelas Stand schillerten die Picassos, Pollocks und Meisterwerke von Yves Klein.

Binnen weniger Stunden traf ich an diesem Tag also einen der wichtigsten Galeristen, einen der wichtigsten Künstler und einen wichtigen Sammler. Und das war in dieser Zeit nicht mal ungewöhnlich. Ein paar Tage später rief Schmela mich an und fragte, ob ich sein Assistent werden wolle. Dass ich dankend ablehnte, lag vielleicht auch an meiner Hybris. Sicherlich aber an meinem Freiheitsdrang. Ich wollte immer lieber mein eigener Herr sein.

11. ANTIBÜRGERLICH UND SEXY

Die Verführungskraft der Kunst

Düsseldorf, Anfang der 1970er. Künstler sind Rebellen. Es sind Menschen, die für die Kunst leben, ganz egal wie arm oder reich sie sind, und sich von Konventionen nicht beirren lassen. Sie wollen sich ausdrücken, Grenzen ausloten, neue Perspektiven erkunden, um ihr Umfeld und bestenfalls die Welt zu verändern. Künstler sind antibürgerliche Träumer und Spieler. Ihre Instrumente sind Farben und Pinsel, Holz und Stein, Messer und Meißel. Was sie tun, ist in hohem Maße nutzlos – und deswegen sinnvoller und nützlicher als so vieles, was wir jeden Tag tun. Kunst ist anmaßend, radikal und widersprüchlich. Manchmal ist sie nur geklaute Lüge, Collage oder Kopie eines Fälschers. In den besten Werken ist sie wirklicher als die Wirklichkeit, weil sie über das Gegebene und den Alltag hinausweist, Blickwinkel schafft, die noch nicht ausgeleuchtet sind.

Günther Uecker und Gerhard Richter, Jörg Immendorff und Joseph Beuys waren für mich solche Rebellen. Echte Künstler, die die Wirklichkeit durch ihre Arbeiten und *Happenings* veränderten. Ich bewunderte sie nicht, weil sie erfolgreich waren oder weil ihre Werke sich teuer verkaufen ließen – als ich sie kennenlernte, traf das auch gar nicht zu. Sie waren zwar erfolgreich, ihre Bilder und Objekte aber nicht teuer. Es steckte ja kaum Geld im Kunstmarkt.

Ich bewunderte sie, weil ihre Kunst angstfrei war. Gute Künstler transformieren ihre Angst und strahlen mit ihren Werken Kraft und Mut aus. Für mich sind sie – egal wie fiebrig und zynisch der Markt auch sein mag – die wahren Helden unserer Zeit. Sie stehen für

Freiheit des Ausdrucks, ähnlich wie gute Schriftsteller oder Musiker. Ich glaube – auch heute noch –, dass nichts für eine Gesellschaft so wichtig ist wie ihre Künstler. Sie zeigen an, wie frei wir sind. Deswegen finde ich es heute auch wichtig, Künstlern aus Kriegs- und Krisengebieten zu helfen, ihre Werke öffentlich zu machen. Sie sind die wahren Helden.

Ich wollte schon als Heranwachsender Rebell sein. Bin früh zu Hause ausgezogen, hatte früh meine erste Freundin, habe früh eigenes Geld verdient. War politisch. An der Uni hat man mich zum AStA-Vorsitzenden gewählt, die SPD war meine politische Heimat. Sozialpädagogik habe ich studiert, weil ich die Gesellschaft ungerecht fand und helfen wollte, für ein bisschen mehr Gerechtigkeit zu sorgen.

Der gutbürgerliche, bürokratische, zeigefingermoralische Habitus der Pädagogikprofessoren hat mich allerdings abgeschreckt. Und auch, dass mir viele Kommilitonen ein bisschen wenig ehrgeizig und überkorrekt daherkamen. Schluffis im Spießergewand, das sie unter einer Hülle aus politischer Haltung verborgen trugen.

Wohler habe ich mich immer unter den Kunststudenten gefühlt. Ihre Partys waren ausgelassener, die Diskussionen mit ihnen radikaler und belebender. Sie waren es gewohnt, Bezüge herzustellen: zwischen Armut und Krieg, der eigenen Lebensweise und ihrem Einfluss auf die Welt, es ging um die Ästhetik von Städten und Kleidern und Gesichtern, um eine Haltung, die sich nicht nur in der Wahl einer Partei oder des Studiums äußerte. Wenn wir mit dem AStA in den unterschiedlichen Fakultäten saßen und uns die Köpfe heißredeten, inspirierten mich die Kunststudenten am meisten. Sie nahmen mich mit in ihre Garagen, in denen sie malten, zu Vernissagen und Ausstellungen, und erklärten mir ihre Bilder. Treffpunkte waren Kneipen, in denen sich die rebellische Düsseldorfer Jugend traf. Einige der Freundschaften, wie die mit Jörg Immendorff, den ich 1973 kennenlernte, hielten ein Leben lang.

Kunst war ein Transportmittel, um rauszukommen aus der Kleinbürgerwelt. Kunst war cool. Kunst mobilisierte, Kunst kickte. Ein

Transformator, bei dem niemand zuerst an Geld dachte (das kam erst später). Die Menschen, die ich im Dunstkreis der Düsseldorfer Akademie kennenlernte, waren zuallererst Künstler und erst dann Personen. Sie schnorrten sich durch, sie lebten zu zweit oder zu dritt in einem WG-Zimmer, um zu malen. Ich wollte nicht so leben wie sie, aber ich wollte mit ihnen leben, bestenfalls wollte ich ihnen auch helfen. So dachte ich. Bloß, wie sollte das gehen? Gemalt habe ich gern, hatte aber nicht genug Talent. Reden konnte ich besser als die meisten.

Also probierte ich aus, was zu mir passen könnte. Galerist war es eher nicht. Mit meiner eigenen Galerie ging es bergab. Wohl, weil mir Wissen und Akribie fehlten, vor allem aber fehlte mir die Leidenschaft für den Job. Zu viel Verwaltung, zu wenig Kreativität. Mir fehlte allerdings auch die Zeit, mich darauf zu konzentrieren. Ich hatte parallel die Pacht für die Kneipe »Destille« übernommen, stand abends an der Bar – und wurde zwischendurch auch noch Vater. Nach zwei Ausstellungen gab ich die Galerie an meinen Assistenten ab.

Der Goslarer Industrielle Peter Schenning, der ein Unternehmen für Bauelemente führte, war nicht nur Kunstsammler – er eröffnete in ganz Europa Junior-Galerien für junge Kunst und bot mir an, seine Düsseldorfer Filiale zu übernehmen, samt monatlichem Gehalt von 2500 Mark und einer kleinen Provision für die verkaufte Kunst. Da der Kredit meines Vaters aufgebraucht war und ich keinen Schimmer hatte, wie ich mich langfristig freischwimmen könnte, nahm ich das Angebot an. Das Problem war bloß, dass ich jetzt noch weniger autonom war als mit der eigenen Galerie. Die Künstler, die wir zeigten, wurden in Goslar ausgewählt, auch die Ausstellungen wurden dort organisiert.

Irgendwann installierte Schenning für die Filialleiter noch einen Oberboss, nach dessen Pfeife ich jetzt tanzen sollte.

Er hieß Heinz Holtmann und als erste Amtshandlung beauftragte er mich mit einer Hundertwasser-Ausstellung. Was für eine bittere Pille: Hundertwasser war für mich keine Kunst, sondern Kitsch. Ein Maler für den Massengeschmack. Ich hatte zwar keine Ahnung, aber das wusste ich.

12. LIEBER MEIN EIGENER HERR

Galerist, nein Danke

Düsseldorf, 1975/76. Natürlich akzeptierte ich die Anweisung, Hundertwasser auszustellen, nicht widerspruchslos. Hundertwasser passe nicht nach Düsseldorf, die Stadt stehe für Avantgarde, für die Galerie könne das einen gewaltigen Imageschaden bedeuten, argumentierte ich – Hundertwasser sei für fast alle Kritiker bestenfalls ein Opportunist. Ein Postermaler. Kitsch. Wir würden verheerende Kritiken in den Feuilletons bekommen.

Holtmann ließ sich nicht weichklopfen, er hielt mich wahrscheinlich für einen eingebildeten, widerspenstigen Jüngling, der erst mal lernen sollte zu funktionieren, statt zu spotten. Immerhin war Hundertwasser international bekannt und besonders in Deutschland sehr beliebt.

Mein Boss speiste mich also freundlich ab und sagte, er freue sich auf die Vernissage. Ich grinste gequält – und tat, was ich konnte, um ihm die Ausstellung zu verhageln: verschickte nur pro forma ein paar Einladungskarten und organisierte gerade so viel, dass die Bilder pünktlich am gewünschten Platz hingen.

Als Holtmann festlich gekleidet zur Eröffnung in der Galerie erschien, fand er dort nur eine Handvoll Menschen vor. Er machte zwar gute Miene zum bösen Spiel – für mich war allerdings klar, dass meine Zeit als Junior-Galerist abgelaufen war. Ich kündigte – eine Kopie von Peter Schennings Firmenverteiler behielt ich. Der enthielt Hunderte Adressen von Bauherrn, Architekten, Ingenieuren und Maklern, die die Junior-Galerien besuchten, also kunstinteressiert waren.

Die 70er-Jahre waren eine Zeit des Baubooms, in der mit dem Wohlstand auch das Interesse an der Kunst wuchs. Meine letzten Tage als Junior-Galerist waren bereits angebrochen, als mich die Düsseldorfer Architekten Rüdiger Thoma und Hermann Henkel fragten, ob ich ihnen helfen könne, passende Künstler für die Innenräume eines ihrer bescheidenen Objekte zu finden. Sie bauten die neue Konzernzentrale der Klöckner-Werke in Duisburg, ein riesiges Gebäude für ein riesiges Stahlunternehmen.

Kurz zuvor hatte ich Horst Kimmerich kennengelernt, einen kunstinteressierten Architekten, der mir erzählte, dass es in den USA sogeenannte *Art Consultants* gebe, die zwischen Kunst und Architektur beziehungsweise Unternehmen vermittelten. Kimmerich suchte den Absprung aus seinem Düsseldorfer Architekturbüro und wollte als Architekt am liebsten mit Künstlern zusammenarbeiten, um Hobby und Profession zu verbinden. Er war eher introvertiert und kannte sich vorzüglich mit Kunst und Kunstgeschichte aus. Reden lag ihm dagegen nicht so, er war auch niemand, der auf Intuition vertraute. Da ich extrovertierter war, mit fundiertem Halbwissen glänzte und einen Instinkt dafür besaß, welche Künstler im Wert steigen würden und wer sich für unsere Konzepte interessieren könnte, ergänzten wir uns prima und begannen, Ideen zu spinnen.

Wir erarbeiteten also eine Präsentation für die Klöckner-Werke, die ich dem Vorstand vorstellte: 250 Werke vor allem von Künstlern der Düsseldorfer Akademie sollten die Zentrale schmücken, um die Objekte würden wir uns selbst kümmern. Ein Konzept zur Gestaltung der Räume lieferten wir gleich mit. Das Volumen des Auftrags entsprach dem vier- oder fünffachen Jahresumsatz meiner Junior-Galerie. Der Klöckner-Vorstand war begeistert und gab uns den Auftrag. Es war also gar nicht so schwer.

1977 gründeten wir die Achenbach und Kimmerich Art Consulting, die erste Gesellschaft für Kunstberatung in Deutschland, wahrscheinlich in Europa.

Von meinem Gewinnanteil kaufte ich einen schwarzen Citroën Kombi und ein 16 Kilo schweres, 30 000 Mark teures Autotelefon. War ich durchgedreht? Übergeschnappt? Vielleicht ein bisschen, nach dem Kauf von Auto und Telefon war ich jedenfalls wieder pleite. Aber ich ahnte, wie viel Zeit ich in den nächsten Jahren auf Autobahnen verbringen würde – und dass ich die Zeit dort zur Kundenakquise benötigte. Darüber hinaus verfolgte ich eher unbewusst das Lagerfeld'sche Motto, dass man das Geld zum Fenster hinauswerfen muss, um es mit Schubkarren durch die Tür wieder hineinzufahren ... Dieses Prinzip sollte mir in der Folge mehr als einmal fast zum Verhängnis werden. Zunächst einmal aber hatten wir Glück, dass das Interesse an zeitgenössischer Kunst in den darauffolgenden Jahren förmlich explodierte.

Kurz bevor ich Kimmerich kennenlernte, hatte ich einem Arzt aus Münster ein abstraktes Bild von Gerhard Richter für 6000 Mark verkauft. Der Herr Doktor stotterte das Bild in 500er-Raten ab. Schon Anfang der 1980er-Jahre war das Bild 150 000 Mark wert. Heute kostet es Millionen.

13. IM REICH DES JAHRHUNDERTFÄLSCHERS

Kunst ist nicht nur Hochkultur

Ibiza, 1974. Weihnachten 1974 lernte ich zwar nicht den Heiland persönlich kennen, aber einen Menschen, der gern Gott spielte. Einen, der viele der größten Maler dieser Welt in einer Person verkörperte – ohne dass es Sammler oder Galeristen merkten. Einen, in dem sich sogar der große Henri Matisse wiederfand – beziehungsweise auf dessen Kunst Matisse hereinfiel.

Befreundete Kunsthändler hatten mich eingeladen, die Weihnachtszeit 1974 nach Ibiza zu kommen. Das Gehalt als Junior-Galerist erlaubte es mir, nach Mallorca zu fliegen und von dort weiter mit der Fähre auf die Insel. Ibiza war das Zentrum der deutschen Hippies und Sehnsuchtsort vieler Künstler – auch viele deutsche Kreative suchten dort nach Inspiration. Und fanden vor allem Sonne, Sex und Kokain. Weihnachten waren fast keine Touristen dort, nur die Aussteiger und Künstler, schräge, bizarre Figuren bisweilen, ich erinnere mich an einen, den alle »Nazi-Peter« nannten, weil er an seiner Harley Davidson Hakenkreuze angebracht hatte, einen Künstler, der sich für eine Reinkarnation hielt, und einen anderen, der es sich zur Aufgabe machte, mit Touristinnen aus möglichst vielen Ländern zu schlafen.

Ich stattete einigen Künstlern einen Besuch ab, begutachtete ihre Bilder und Skulpturen – ein großartiges Talent wie Richter oder Polke, das bislang unentdeckt geblieben war, entdeckte ich leider nicht. Vielmehr schien einigen der Künstler das leichte Leben lieber zu sein als die Disziplin, die es braucht, um wirklich etwas zu schaffen.

So hatte ich mich nach einigen Tagen und eher skurrilen Atelierbesuchen damit abgefunden, keinen vielversprechenden neuen Künstler für meine Galerie zu finden, als ich an einer Bar eine wunderschöne, bestimmt zehn Jahre ältere Frau mit tief geschlitztem Kleid und funkelndem Blick sah. Ich weiß nicht mehr, ob ich sie ansprach oder sie mich, auf jeden Fall kamen wir ins Gespräch, ich stellte mich als Galerist vor, sie zog die Augenbraue hoch, fragte nach meinem Alter.

Die Frau stellte sich als Edith Sommer-Irving vor – Malerin. Dass sie die Ehefrau von Clifford Irving war, den die *Time* einige Jahre zuvor zum »Gauner des Jahres« ausgerufen hatte, weil er die Memoiren des Luftfahrtpioniers und Multimillionärs Howard Hughes gefälscht hatte, sagte sie nicht. Die Irvings hatten einen großen amerikanischen Verlag mit dem gefakten Buch um mehr als 2 Millionen Mark erleichtert. Auf Ibiza hatten sie vorgebliche Briefe des damals reichsten US-Amerikaners Hughes gefälscht und den Verlag damit von einem gigantischen Vertrag überzeugt – ein Vorläufer der gefälschten Hitler-Tagebücher, die der *Stern* zehn Jahre später kaufte.

Edith war wie ihr Mann Clifford im Knast gelandet, als der Schwindel aufflog, kam aber ein paar Monate früher wieder frei. Jetzt saß sie mit Freunden in einer Bar. Statt mir ihre Geschichte zu erzählen, sprachen wir über Kunst und tranken Weißwein, bis ein gutaussehender älterer Herr auftauchte, der einen roten Schal trug und mit ungarischem Akzent in die Gesprächsrunde eintauchte. Im weiteren Verlauf des Abends lud er uns in sein Haus oberhalb der Altstadt von Ibiza ein.

Wir landeten in einem weiß getünchten Haus, das überraschenderweise im Bauhausstil gehalten war.

Was ich dann sah, werde ich nie mehr vergessen: An den Wänden hing eine Sammlung der bedeutendsten Klassiker des 20. Jahrhunderts: Picasso, Matisse, Renoir, Modigliani, Kandinsky. Hatte die geheimnisvolle Schöne mich zu einem Milliardär geführt? Ich schluckte. Gerade als ich anhob zu fragen, sagte der Mann: »Ich bin Maler. Alle Bilder, die Sie hier sehen, sind von mir.« – »Also sind Sie Fälscher?« Er zog die Mundwinkel hoch. »Nein, nicht mehr. Schauen Sie.« Er deutete auf seine Unterschrift auf den Bildern. Elmyr de Hory. Sodann erzählte er mir seine Geschichte.

De Hory stammte aus einer Budapester Diplomaten- und Bankiersfamilie. Er studierte Kunst in Budapest, München und Paris. Im Zweiten Weltkrieg verlor er seine Eltern und den Familienbesitz, war angeblich in eine Spionageaffäre verwickelt, wurde inhaftiert, floh aus dem Gefängniskrankenhaus und entkam nach Frankreich. (Die Erinnerungen hat Clifford Irving geschrieben, man sollte also skeptisch sein).

Ab 1946 fertigte er Zeichnungen und Ölbilder an, die sämtliche Experten für echte Werke Picassos, Chagalls und Renoirs hielten. Er verkaufte sie mit stetigem Erfolg. Nach vielen Jahren flog er auf, konnte sich der Justiz aber immer wieder entziehen, malte weiter, versuchte es mit eigenen Bildern, hatte wenig Erfolg, begann wieder zu fälschen. Verraten hat ihn schließlich ein Geschäftspartner, der zeitweise auch sein Geliebter war – Eifersucht und verletzte Gefühle spielten also eine Rolle, wie es so oft der Fall ist. Die meisten Betrüger werden überführt, weil sie verraten werden, oftmals von Menschen, die aus persönlichen Gründen wütend oder enttäuscht sind.

»Ich habe viel Wert darauf gelegt, die gleichen Materialien zu nutzen wie die großen Meister«, sagte de Hory schmunzelnd, »aber ich habe jedem Bild auch eine eigene Note gegeben, das war mir wichtig. Es sind somit durchaus eigene Schöpfungen.« Über die Jahrzehnte habe er Hunderte »Experten« gebeten, »echte« und von ihm »gefälschte« Bilder zu unterscheiden. »Ich wage zu behaupten, dass die allermeisten es nicht konnten.« Als ich ihn fragte, wie viele seiner Fälschungen noch in Galerien und Museen hingen, 50, 60 oder mehr als 100, sagte de Hory nur lächelnd: »Ungefähr 3000«. Um mir sodann von seiner Begegnung mit Henri Matisse zu erzählen. Dem Meister habe er einige Jahre vor dessen Tod 1954 eine

Nachempfindung eines Matisse-Bildes gezeigt – er habe es gekauft, als ob es ein echter Matisse ohne Signatur sei. Matisse fand, es sei ein großartiges Werk. Er war sich zu 100 Prozent sicher, dass er es gemalt hatte – und signierte es nachträglich. Auch dieses Bild hänge bis heute in einem Museum, sagte de Hory.

Der Jahrhundertfälscher erzählte mir dann noch einiges über Wahrheit und Erfindung, Täuschung und Zynismus auf dem Kunstmarkt – er lachte viel, nannte den Markt einen »Zirkus«, aus dem immer neue Gestalten purzelten, einige hätten Talent, andere Geschäftssinn – er habe von beidem etwas. Ich verstand längst nicht alles, was er sagte, lachte aber mit und dachte: »Wow, der hat was erlebt.«

Zwei Jahre später brachte Elmyr de Hory sich in dem Haus, in dem er mich empfangen hatte, mit einer Überdosis Schlaftabletten um. Er war zeit seines Lebens depressiv gewesen.

Jahrzehnte später erinnerte mich die Geschichte daran, wie der hoch angesehene Kunsthistoriker und Direktor des Centre Pompidou Werner Spies (seines Zeichens viele Jahre lang Professor an der Düsseldorfer Kunstakademie) sieben vorgebliche Werke von Max Ernst als echt einstufte – und für diese Expertise von Händlern und Fälschern 400 000 Euro an Provisionen erhalten haben soll, wie zahlreiche Zeitungen schrieben. Blöd nur, dass der Fälscher Wolfgang Beltracchi die Bilder gemalt hatte. Später landete Beltracchi dafür und für viele andere Fälschungen im Knast.

Während meiner Zeit im Gefängnis habe ich manchmal an Werner Spies denken müssen. Ich glaube, dass er wie viele in der Szene ein Getriebener war: narzisstisch geprägt, von vielen bewundert, irgendwann an einen feudalen Lebensstil gewöhnt, auch durch die Nähe zu großen Künstlern ein bisschen abgehoben. Spies hat sich in der Welt des Luxus wohl auch etwas verloren – und nicht mehr auf seine innere Stimme gehört. Die Mechanismen seines Handelns waren mir allzu vertraut. Ich wünsche ihm von Herzen, dass auch er seinen Seelenfrieden findet.

Die Begegnung mit Elmyr de Hory sog ich gierig ein. Kriminalisiert hat mich die Begegnung mit dem wohl größten Kunstfälscher des 20. Jahrhunderts allerdings nicht. Aber ich wusste danach, dass es auf dem Kunstmarkt nicht immer so seriös zugeht, wie es in Vernissagen und Katalogen gern zur Schau gestellt wird.

14. DIE ERSTE KUNSTBERATUNG EUROPAS

Art Consulting und Anarchie

Düsseldorf, 1977. Als Horst und ich als *Art Consultants* anfingen, hatte in Deutschland niemand eine Vorstellung davon, was das überhaupt sein könnte. Während wir binnen sieben Jahren zu einem stattlichen Unternehmen wuchsen, nach den Klöckner-Werken reihenweise Großaufträge an Land zogen – wir statteten zum Beispiel die IBM-Zentrale mit Kunst aus, die Deutsche Bundesbank, die TUI-Zentrale, Niederlassungen der Commerzbank, der Dresdner Bank und viele andere –, gediehen parallel auch Neid und Missgunst. Neu an der Beratertätigkeit war, dass unsere Zielgruppen nicht Museen und Sammler waren (für die waren Galeristen schließlich auch Berater) – wir machten unsere Geschäfte mit Unternehmen. So unterliefen wir das System und schufen für den deutschen Markt etwas komplett Neues. In ganz Europa gab es, glaube ich, in den 70er-Jahren keine Kunstberater.

Viele interpretierten unseren Ansatz, Kunst und Architektur zu verbinden, völlig anders: Galeristen sahen in uns Konkurrenten, die ihre Geschäfte gefährdeten. Das lag sicher am Volumen unserer Aufträge und auch an der Art, wie wir arbeiteten. Wir fuhren mit Sattelschleppern vor einer Bank oder Versicherung vor und ließen binnen weniger Tage 300 oder 400 Kunstwerke anbringen – für kleinere Galeristen war das ein Frevel.

Dabei waren wir weiterhin Partner vieler Galeristen – und bescherten ihren Künstlern lukrative Aufträge. Für viele waren wir allerdings vor allem die Geldgeier, die mit den Unternehmen dealten.

Da kamen zwei junge Männer, die keiner kannte, die aber einen Großauftrag nach dem anderen an Land zogen und einen überschaubaren Markt gehörig durcheinanderwirbelten – klar, dass da Neid aufkam. Vor allem dann, wenn wir als Düsseldorfer Großprojekte in Hamburg, Hannover oder München verwirklichten, stöhnten die Galeristen vor Ort auf.

Später bildete sich sogar eine Initiative, die mir Einhalt gebieten wollte: Es sollte eine Lex Achenbach geschaffen werden, um *Art Consultants* ganz zu verhindern. Klingt ziemlich deutsch, war es auch. Und das alles in einer Zeit, als der Kunstmarkt wahrlich noch nicht mit Geld überschwemmt wurde. Es war eine Zeit, als die meisten Sammler noch gut situierte Mittelständler waren, die aus Liebe zur Kunst sammelten, sich ein Arzt oder auch ein Lehrer noch ein Bild von Richter oder Polke leisten konnte. Irgendwann gehörten mehr und mehr Unternehmer zu den Sammlern, galt zeitgenössische Kunst, die lange verpönt war, plötzlich als schick – diese Trends machten wir uns zunutze.

Unsere Gegner übersahen in ihrem Furor, dass wir den Unternehmen vor allem Konzepte schrieben, welche Kunst zu ihnen passte. Während es den Galerien vor allem darum ging, ihre Kunst zu verkaufen. Und wir damit eigentlich einen großen gemeinsamen Nenner hatten: Nachfrage nach Kunst zu erhöhen. Und die stieg ab Mitte der 70er-Jahre gewaltig.

Im Rückblick kann ich den Unmut einiger Galeristen nachvollziehen. Nicht, was unser Geschäftsmodell anging – davon profitierten letztlich fast alle. Wohl aber, was unser Buhlen um Künstler anging, die wir für unsere Projekte gewinnen wollten. Dafür sprachen wir unsere Wünsche nicht immer vorab mit den Galerien ab. Zu Künstlern wie Gerhard Richter oder Günther Uecker entwickelte ich ein freundschaftliches Verhältnis – klar, dass ich sie auch mal direkt fragte, ob sie Interesse an einem Großauftrag hätten. Manchmal sagte dann die Galerie: »Nein!«, der Künstler aber: »Ja!« Insofern kann man sich das vorstellen wie mit einem Fußballpräsidenten, der einen Spieler persönlich fragt, ob er Lust hat, zu seinem Verein zu kommen – und nicht vorher den Berater anruft. Manchmal entscheidet der Spieler anders, wenn er sich vorher nicht beraten lässt. Zugute kam uns dabei, dass viele Künstler zwar mit Galerien kooperierten, aber nicht so fest an sie gebunden waren wie heute.

Das Vorurteil, unseriös und geldgierig zu sein, begleitete mich also schon in den Anfangsjahren. Das von uns ausgestellte Selbstbewusstsein, das im Umgang mit Konzernmanagern natürlich nötig war, galt vielen schon als Verrat an der Kunst. Die Höhe unserer Auftragssummen erst recht. Dabei schmückten sich schon im Mittelalter vor allem die Reichen mit Kunst. Die größten Kunstwerke der Menschheit wären nie ohne unterdrückte Arbeiter und Völker entstanden. Den Vorwurf, *Art Consultants* hätten dem Kunstmarkt seine Unschuld genommen, halte ich für lächerlich.

Unser ›*Headoffice*‹ hatten wir offiziell am Düsseldorfer Kaiser-Friedrich-Ring, einer ziemlich noblen Adresse – dass dieses *Headoffice* Horsts Wohnung war, wir sein Wohnzimmer für Verhandlungen in einen schicken Präsentationsraum verwandelten, wusste niemand. Wenn wichtige Geschäftspartner kamen, engagierten wir eine Freundin, um Sekretärin zu spielen. Sie servierte dann in hübscher Kleidung Getränke und verteilte Papers. Eine Sekretärin konnten wir uns in der Anfangszeit selbst nicht leisten. Wir ließen während dieser Besprechungen auch Freunde im Büro anrufen, mit denen ›die Sekretärin‹ dann Termine absprach oder ihnen mitteilte, dass der Kalender im Moment ziemlich voll sei – um den Eindruck zu erwecken, dass unsere Klitsche boomte. Ein IBM-Manager sagte mir ein paar Jahre später, dass er sich gewundert habe, wie gut unser Unternehmen damals lief – im *Headoffice* habe er den Eindruck gehabt, dass wir kaum gewusst hätten, wie wir alle Auftragswünsche erfüllen sollten.

Bis wir uns eine echte Sekretärin und ein echtes *Headoffice* leisten konnten, dauerte es zwei Jahre. Unser Konzept ging auf: Horst hatte den Background, ich konnte vortragen und überzeugen. Manchmal fuhr ich mit meinem schwarzen Citroën einfach Großbaustellen in Hamburg, Stuttgart oder München ab, notierte an den Baustellenschildern den Auftraggeber, rief an, ließ mich mit der Führungsebene verbinden und fragte den Geschäftsführer, ob sie denn bei ihrem Neubau auch an Kunst gedacht hätten.

15. IM WOHNZIMMER DES CHANEL-CHEFS

Und wie ich mir Hunderte Schecks besorgte, um ein teures Bild kaufen zu können

Paris, Ende der 70er-Jahre. Es war nicht so, dass wir in der Anfangszeit ständig Konzerne mit Kunst ausstatteten. Wir nahmen fast jeden Auftrag mit. So auch das Angebot eines Konkursverwalters, ein *Schwammrelief* von Yves Klein zu verkaufen. Über einen befreundeten Händler aus Brüssel bekamen wir einen Kontakt zu Jacques Wertheimer, damals Eigentümer des Luxuskonzerns Chanel. 90 000 wollte er für das *Schwammrelief* zahlen – ein gutes Geschäft für uns.

Also fuhr ich kurzerhand selbst nach Paris, das teure Bild in Decken eingewickelt im Kofferraum meines schwarzen Citroëns. Die Grenzer winkten mich gelangweilt durch. Wertheimer wohnte in einer großen Stadtvilla im 16. Arrondissement, 1 Avenue Foch. Mich empfingen zwei livrierte Butler, die mir halfen, das Bild in die erste Etage zu tragen.

Als ich in seinem Haus ankam, musste ich einen Moment warten, bis ein älterer Mann in einem Bademantel erschien. Er sprach mich auf Englisch an. Er wirkte weder freundlich noch unfreundlich, sein Blick richtete sich schnell auf das in Decken gehüllte Bild. Als ich es entkleidete, hellte sich Wertheimers Blick auf. »*Put it on the wall*«, sagt er in klarem Befehlston. In diesem Moment trugen die beflissenen Butler zwei Leitern in den Vorraum, stiegen hinauf, ich reichte ihnen das kostbare Objekt, sie hingen es an zwei Schraubhaken an die Wand. Wertheimer schaute nach oben und lächelte. Dabei fiel mir auf, dass er keine Zähne im Mund hatte. Es blitzten nur kleine Stümpfe aus der rosa Höhle. Er schaute mich an und sagte mit charmantem französischen Akzent: »*I like it. I want to buy it. How much is it?*« Ich sagte ihm, das Bild koste wie vereinbart 90 000 Mark. Er sagte: »*It's OK, send me a bill.*«

Schüchtern merkte ich an, dass ich mit einer Barzahlung gerechnet hätte. Er zuckte mit den Achseln und sagte, er habe kein Geld da. »*Send me a bill, I will pay you.*« Es war mein erster großer Deal – und jetzt musste ich das Bild beim Kunden lassen und kam ohne Geld nach Hause.

Glücklicherweise bezahlte Wertheimer innerhalb von 14 Tagen – und wir konnten die 70 000 an den Konkursverwalter überweisen.

20 Jahre später rief mich der französische Kunsthändler Pierre Nahon an und bot mir ein *Schwammrelief* von Yves Klein an. Er deutete an, dass das Bild von mir in den 70er-Jahren an Wertheimer verkauft worden sei. Ich wollte mir die Gelegenheit nicht entgehen lassen, das Bild wiederzusehen, und flog nach Paris. Auf meine Frage, wo er das Bild herhabe, erzählte Nahon, dass ihm das Relief von einer besonders attraktiven Dame verkauft werden sollte, die zu Wertheimer eine besondere Beziehung gehabt haben soll. Nahon erzählte mir dann noch einige Details zum Lebenswandel des ehemaligen Chanel-Chefs.

Wertheimer wurde von der eigenen Familie nachgesagt, mehr an schönen Frauen, Rennpferden und Kunstwerken interessiert gewesen zu sein als am Wohl des eigenen Unternehmens.

Coco Chanel soll ihn spöttisch als »das Kind« bezeichnet haben. Sein Lebensstil soll recht aufwendig gewesen sein. Ähnlich wie die Aldi-Familie hielten die Wertheimers ihr Privatleben und ihr Vermögen möglichst geheim. Ihr Credo war: »Wir sind eine sehr diskrete Familie. Wir reden nie.« Sickerte Tratsch durch, stürzte sich die internationale Boulevardpresse gierig darauf.

Nahon bot mir das *Schwammrelief* 20 Jahre nach der abenteuerlichen Kombifahrt nach Paris für 1,6 Millionen Dollar an. Der Preis war okay, aber ich hatte schon mehrere Yves-Klein-Werke in meinem Lager stehen. Mir fehlten Mut und Cash, auch dieses noch zu kaufen. Heute ist das Bild sicher 30 Millionen Dollar wert.

Mitte der 70er-Jahre rief mich der Kölner Kunsthändler Winfried Reckermann an und erzählte von drei Objekten aus der ZERO-Gruppe, die in Chicago verkauft werden sollten. Die drei Werke von Günther Uecker, Otto Piene und Heinz Mack sollten 50 000 Mark kosten. Reckermann sagte am Telefon, er könne mir die Arbeiten besorgen, hätte aber kein Cash, um sie zu kaufen. Für Uecker habe er schon einen Kunden und könnte allein sein Bild für 50 000 verkaufen. »Gib mir ein paar Stunden Zeit, ich lasse mir was einfallen«, sagte ich.

Die Idee war einfach. Immer wenn ich auf Ibiza war, dauerte es sechs Wochen, bis die Eurocheques auf meinem Konto abgebucht wurden. Mein verwegener Gedanke: Um 50 000 Mark zusammenzukratzen, müsste ich rund 160 Schecks einlösen. Daraufhin besuchte ich fünf Filialen meiner Hausbank in Düsseldorf und ließ mir die Schecks ausdrucken. Dann buchte ich einen Flug nach Ibiza, mietete eine Vespa und fuhr von Bank zu Bank.

Nach drei Tagen hatte ich alle Schecks gegen Peseten getauscht, mein schwarzer Krokodillederkoffer war prall gefüllt mit spanischen Banknoten. Jetzt musste ich nur noch aufpassen, dass mir die Tasche nicht geklaut wurde. Also trug ich sie mit zum Strand und bat Urlauber, gut auf meine Sachen aufzupassen, während ich baden ging. Mit dem vollen Geldkoffer fühlte ich mich wie eine Mischung aus Waffenhändler und Lude. Ich war heilfroh, nach vier Tagen wieder in Düsseldorf anzukommen und am Zoll nicht gefilzt zu werden.

Jetzt musste ich nur noch die Peseten für den Kunden in Chicago in Travellerschecks umtauschen. Ging völlig problemlos. Ein paar Tage später flog ich mit Winfried Reckermann in heiliger Mission nach Chicago. Mittwochs kamen wir als stolze Eigentümer von drei ZERO-Arbeiten zurück nach Düsseldorf, ein wundervolles Nagelrelief von Günther Uecker mit abgerundeten Ecken, ein großartiges Raster-Bild von Otto Piene, ein graues Materialbild von Heinz Mack.

Samstagnachmittags rief Reckermann mich glücklich an und sagte: »Mission erfüllt, der Uecker ist verkauft. Das Geld wird nächste Woche überwiesen.« Insgesamt bekamen wir für die drei Arbeiten 90 000 Mark.

Einige Wochen später rief eine Mitarbeiterin meiner Bank an und zeigte sich verwirrt: »Es ist etwas Merkwürdiges passiert. Hier kommen ganz viele Eurocheques an. Können Sie mir das erklären?« Ich murmelte etwas von einem Grundstückskauf in Spanien, der leider nicht geklappt habe. »Kein Problem«, sagte die Bankangestellte. »Das Konto ist ja gedeckt.«

16. DER DEAL MIT DER VICTORIA

Gerhard Richters Fall ins Wasserbecken

Düsseldorf, 1986. Mit dem wachsenden Kunstmarkt wuchs auch unsere Kunstberatung. 1984 gingen Horst Kimmerich und ich getrennte Wege – ihm war unser schnelles Wachstum nicht geheuer, mir konnte es gar nicht schnell genug gehen.

Also gründete ich eine eigene Firma und es brummte weiter. Ein Meilenstein des rasanten Aufstiegs war 1986 die Ausstattung der Konzernzentrale der Victoria-Versicherung (heute Ergo), unter anderem mit zwei abstrakten Großformaten von Gerhard Richter. Es war meine wichtigste Zusammenarbeit mit Gerhard in all den Jahren.

Edgar Janott, seinerzeit Vorstandsvorsitzender der Victoria Versicherung, war auf mich zugekommen – er wollte die neue Zentrale mit Kunst gestalten. Ich schrieb ein Konzept, Janott war angetan – vor allem von der Idee, mit zwei riesigen Richter-Werken die Eingangshalle zu schmücken. Allerdings wollte Richters Galerist Konrad Fischer nicht, dass sein inzwischen begehrtester Künstler für die Versicherung arbeitet und kanzelte mich ab, als ich ihn anrief. »Der Gerhard hat keen Ziet. Der molt nur noch für Amerika«, antwortete er kurz angebunden. Er dachte wohl, es sei unter Richters Würde, für das kapitalistische System zu malen, dabei arbeitete er für dasselbe System.

Ich war sauer auf Fischer und rief Gerhard Richter, den ich damals noch nicht gut kannte, selbst an, um ihm das Projekt vorzustellen: zwei Großformate, riesige Halle, freie Gestaltung, keine

Vorgaben. Ob er Lust habe, sich das Gebäude einmal mit mir anzuschauen. Hatte er. Wir trafen uns gleich in der nächsten Woche auf der Baustelle der neuen Versicherungszentrale, Richter war beeindruckt von der Größe der Halle, er brauchte ein anderes Atelier, um die am Ende jeweils 6 × 4 Meter großen Bilder malen zu können, ich organisierte Räume in den alten Düsseldorfer Messehallen an der Fischerstraße, er legte los.

Ich machte Fotos, zeigte Edgar Janott Abzüge vom Status quo, die machten ihn so neugierig, dass er selbst den Künstler bei der Arbeit besuchen wollte – und war sich nicht im Klaren darüber, dass das eine ziemlich sensible Sache ist. Als er vor dem Meister in der Halle stand, fragte Janott Richter tatsächlich, ob er nicht das giftige Grün und das schreiende Gelb überpinseln und dafür gedecktere Farben verwenden könne. Richter antwortete sehr höflich, er finde die Farben »ganz schön« und ging nicht auf die Diskussion mit Janott ein. Ich glaube, dass die Farben später noch ein bisschen giftiger wurden. Heute sind die Bilder sicher 100 Millionen Euro wert – und der ganze Stolz der Ergo Versicherung.

Als Gerhard Richter seine Werke später zum ersten Mal im Versicherungsfoyer hängen sah, war er etwas enttäuscht. Die Natursteinwände, brauner Estremoz-Marmor aus Portugal, gefielen ihm nicht. Bei der Feier zur Eröffnung des Gebäudes machte Richter seinem Unmut auf besondere Weise Luft: Mitten während der Eröffnung sank er rücklings in ein Wasserbecken im Foyer, kam nass wie ein Fisch heraus und entschuldigte sich. Er müsse nun wohl nach Hause fahren. Beim Rausgehen flüsterte er mir zu: »Du musst in Zukunft für bessere Architektur sorgen!«

Die Victoria erhielt 1987 von mir noch ein *Seestück* von Gerhard Richter. Es war ein wunderschönes Werk, das lange in meinem Schlafzimmer gehangen hatte. Ich hatte mir geschworen, es niemals zu verkaufen. Leider passierte aber Folgendes. Ich hatte Janott in seinem Arbeitszimmer eine Werkskizze von Christos verhülltem Reichstag aufgehängt. Ein Projekt, das noch nicht realisiert war und später weltweit für Furore sorgen sollte. Was dann passierte, ist im Nachhinein eine Komödie: Der Regierende Berliner Bürgermeister Diepgen besuchte Janott in seinem Büro, sah den Christo und soll wörtlich gesagt haben: »Solange ich Bürgermeister bin, wird Christo den Reichstag nicht verhüllen.«

Janott war irritiert, ließ mich über seinen Finanzvorstand anrufen und stornierte den Christo. Stattdessen wünschte er sich einen weiteren Richter. Weil ich Janott sehr mochte, habe ich ihm dann mein geliebtes *Seestück* als Leihgabe zur Verfügung gestellt. Nach einigen Jahren rief mich der Finanzvorstand wieder an und sagte, Janott wolle das *Seestück* unbedingt kaufen. Da ich der Victoria und Edgar Janott sehr dankbar war – durch die Zusammenarbeit ergaben sich viele weitere Projekte mit der deutschen Versicherungswirtschaft –, verkaufte ich ihm das geliebte Bild schließlich zu meinem Einkaufspreis von 90 000 Mark. Schweren Herzens. Denn das *Seestück* löste bei mir wie wenige andere Bilder tiefe Emotionen aus. Es war wie ein Lieblingslied, das sehnsüchtige Erinnerungen weckt, Dankbarkeit fürs Leben.

30 Jahre später war ich Freigänger der JVA Moers-Kapellen, als mich ein führender Auktionator aus London anrief und nach dem *Seestück* von Richter fragte, das ich anno dazumal der Versicherung verkauft hätte. Ob ich einmal nachhören könne, ob es zu haben sei. Ich rief Janott an, der bei seinem Nachfolger höflich nachfragte und als Antwort bekam, dass es der Ergo nicht so schlecht gehe, dass sie ihr Tafelsilber verkaufen müsse. Das konnte ich gut verstehen.

SCHLEICHENDE VERROHUNG

17. EIN AQUARELL ALS PRIVATPROVISION

Korruption als Kavaliersdelikt

Deutschland, ab 1980. Wo hörte es mit Geschenken und Gefälligkeiten auf? Wo fing Vorteilsnahme an? Es war ein langsames Mäandern – von weiß zu grau zu schwarz. Ich habe Geschäfte in allen Schattierungen erlebt – schwarze von Menschen, die jeder für weiß hielt, weiße von solchen, die jeder für Gangster hielt. Ich habe mich nie bewusst für die dunkle Seite entschieden, aber irgendwann, schleichend, den inneren Kompass verloren, das sichere Gefühl dafür, was richtig und was falsch ist.

Handeln konnte ich früh, Schlupflöcher finden, wenn es ums Geldbeschaffen ging, auch. Ich konnte reden, überzeugen und auch ganz gut pokern. Nacktbilder und Skulpturen verkaufen, klar, auch mal ein Bild eines Kumpels an eine Galerie oder einen Bekannten.

Aber so richtig ging die Post erst ab, als es um die große Kohle ging. Anfang der 80er-Jahre präsentierte ich dem Vorstand eines großen Konzerns ein Kunstkonzept für dessen neue Hauptverwaltung. Nachdem ich das Projekt vorgestellt hatte, klatschte ein führender Manager, lobte die Ausarbeitung und sagte, dass wir uns ja einig seien. Seine Mitarbeiter bat er dann hinaus, er wolle mit mir noch unter vier Augen sprechen. Er ging zu einer Glasvitrine, holte zwei Cognacschwenker und stieß mit mir auf die Zusammenarbeit an. Es gebe da noch eine kleine Sache: Seine Frau habe eine Galerie und brauche eine kleine Anschubfinanzierung. Ob eine zehnprozentige Provision auf den hohen sechsstelligen Gesamtbetrag in Ordnung sei. Ich schluckte kurz und fragte nach, was er damit meine. Nun ja, ich hätte richtig gehört: Die Galerie seiner Frau solle so etwas wie eine Vermittlungsprovision erhalten.

Ich rechnete die Summe durch und sagte nach einigem Zögern zu. Es war das erste Mal, dass ich mich in größerem Stil korrumpieren ließ – es blieb nicht das letzte Mal. Einige Vorstände fragten offensiv nach einem kleinen Bild eines bekannten Künstlers obendrauf, einige ein bisschen subtiler. Die wollten dann Bilder für ihre eigene Sammlung zu einem Spottpreis – so zum Beispiel ein Banker, der mit von mir günstig verkauften Bildern seine eigene Sammlung aufbaute. Seine Aufträge hätte ich nie bekommen, ohne ihm günstig Kunst für seine eigene Sammlung zu organisieren. Gefragt wurde ich längst nicht von jedem, aber regelmäßig. Und sagte immer öfter Ja. Denn ich merkte, es ist normal in dem Geschäft. Normal, die Hochzeit eines Kurators zu finanzieren, mit dem ich regelmäßig zusammenarbeitete, normal, einer befreundeten Galeristin viel Geld zu leihen (das ich nie wiedersah). Ich fühlte mich wie der Spieler in einem großen Spiel. Der Manager eines süddeutschen Konzerns fragte nach einem kleinen Richter obendrauf, ein anderer Manager wollte für einen Polke nur ein Trinkgeld zahlen, sicherte dafür eilfertig weitere Aufträge zu. Viel zu oft sagte ich: »Klar, können wir machen.« Statt: »Nein, tut mir leid, so kommen wir nicht zusammen.« Es war eine Mischung aus Anerkennungsbedürfnis und der wachsenden Erfahrung, dass das eben so läuft: Eine Hand wäscht die andere.

Wenn ich überlege, wie viele Galeristen, Sammler, auch Künstler so gearbeitet haben, glaube ich nicht an die Theorie der »schwarzen Schafe«, die auch im Zusammenhang mit mir immer wieder erwähnt worden ist. Spätestens seit die Zinsen niedrig sind und die Renditeaussichten bei Bankgeschäften gering, ist der Kunstmarkt ein Tummelplatz für Vermögende aller Art geworden: Oligarchen und vermögende Familienunternehmer, Konzerne und Versicherungen. Objektive Werte gibt es nicht, feste Regeln oder Aufseher auch nicht, fast alles ist Verhandlungssache. Die Grauzonen allein bei der Preisfindung und der Auslegung der Rechnungen sind riesig. Viele Berater vereinbaren nicht nur eine Provision mit dem Käufer, sondern auch eine zusätzliche mit dem Galeristen, von der der Käufer nichts erfährt (man nennt das »Kick-back-Zahlungen«) – mindestens das müsste gesetzlich verboten sein. Aber ich bin nicht derjenige, der sich darüber auslassen sollte.

Als ich in Haft saß, erinnerte ich mich an einen der wenigen Freunde, der sich nach meiner Festnahme nicht von mir abwendete: Er habe eine Maxime für sein Unternehmen, sagte der Architekt David Chipperfield. Keine Vorteilsnahme, keine Geschenke. »Sonst kommst du in Teufels Küche.« Ich war in Teufels Küche und hantierte wild mit Zutaten, von deren Geschmack und Wirkung ich nichts wusste. Er habe das bei mir nie verstanden, sagte David. »Du hast schließlich für die Architekturvermittlung nie Geld genommen und bist zu jedem so großzügig!«

Leider ließ ich mich auch auf äußerst fragwürdige Deals ein und verlor nach und nach meine Integrität – ich habe nicht mehr auf meine innere Stimme gehört. Rechts und links von mir handelten doch viele so! Die Museumsdirektoren, Kuratoren, sogar einige der wichtigsten deutschen Künstler! Ich wollte wohl auch nicht sehen, dass ich mich auf dünnem Eis bewegte, dafür war ich zu selbstbezogen. Es ist ja kein Wunder, dass viele Narzissten eines Tages im Gefängnis landen. Dort hätte einer der wichtigsten zeitgenössischen Künstler allerdings auch landen können – wäre veröffentlicht worden, was er tat. Narzissmus ist in der Branche ein oft anzutreffendes Phänomen.

Nach der Trennung von Horst Kimmerich 1984 ging ich in die Vollen. Die Nachfrage nach zeitgenössischer Kunst stieg gewaltig, meine Auftragsbücher waren voll. Wenn es möglich war, gab ich der Stadt etwas zurück, so Anfang der 90er-Jahre, als die Diakonie aus einem historischen Gebäude am Kaiserswerther Marktplatz ein Asylbewerberheim machen wollte. Spontan kaufte ich die Immobilie, sanierte sie aufwendig und eröffnete dort 1993 meine Art-

Consulting-Zentrale. Das Haus habe ich später gewinnbringend verkauft – das gelang mir aber längst nicht immer. So wollte ich einen alten Bunker in ein Kunstmuseum verwandeln, scheiterte aber an den 6 Meter dicken Wänden. Ich fand keinen Investor, der an die Idee glaubte, und verkaufte schnell wieder.

18. AFFEN ÜBER AFFEN

Von Angebot, Nachfrage und den Exzessen eines Freundes

Düsseldorf, ab 1984. Jörg Immendorff war mir von allen Künstlern der Nächste, in seinen Widersprüchen fühlte ich mich ihm wesensverwandt. Jörg war ein Linker, der das süße kapitalistische Leben liebte, ein maßloser Egomane, der viel an andere dachte, ein Spieler, der sich weigerte, immer alles zu analysieren und im Blick zu behalten. Bis zuletzt war Jörg auch ein großes Kind. Ein extravaganter Anarchist, ein kleiner Gangster, ein wunderbarer Mensch.

Ich hatte ihn 1973 kennengelernt und seine Aura bewundert, über die Jahre kamen wir uns näher, arbeiteten eng zusammen und unternahmen viel, später war ich sein Trauzeuge, als er die junge Künstlerin Oda Jaune heiratete.

1984 sollte der Platz der Deutschen Einheit vor der Düsseldorfer Landeszentralbank künstlerisch gestaltet werden – ich hatte den Zuschlag erhalten, das Projekt zu entwickeln – und ich konnte mir niemand Besseren dafür vorstellen als Immendorff, der mit seiner Bronzeplastik *Naht Brandenburger Tor – Weltfrage* 1982 Furore gemacht hatte. Jörg wollte das riesige Werk, das der Sammler Peter Ludwig gekauft hatte, für Düsseldorf in noch gigantischeren Dimensionen ausarbeiten – leider scheiterte die Idee an den eher verstaubten Vorstellungen der Bankvorsitzenden. Der damalige Mode-Maoist Immendorff durfte keine Kunst für ein Symbol des Kapitalismus machen – was ich genauso lächerlich fand wie die Einwände der lokalen Politiker, denen eine dekorativere, gefälligere Kunst für den

Platz vorschwebte. Immendorff kam da nicht infrage, und auch meinen zweiten Vorschlag – Joseph Beuys, der eine Arbeit mit dem Namen *Tag der Deutschen Einheit* vorschlug – lehnte der Oberstadtdirektor ab. Im Nachhinein werden sich die Verantwortlichen geärgert haben. Ich ärgerte mich, dass ich die Wahl der Banker und Politiker, die unbedingt eine Arbeit des ZERO-Künstlers Heinz Mack haben wollten, hinnahm, statt dagegen zu argumentieren. Macks Arbeiten hatten nach seiner ZERO-Phase an Bedeutung verloren, waren aber weiterhin sehr gefragt – auch, weil sie als gefällig galten.

Jörg und ich verloren uns aus den Augen, bis wir uns in Frankfurt wieder begegneten. Er hatte dort eine Professur inne, ich hatte einen Ausstellungsraum eröffnet, wir kamen ins Gespräch. Ich wunderte mich, warum seine Werke inzwischen auch gefälliger geworden waren und fragte nach. Er müsse ja auch leben, sagte Jörg mit schiefem Grinsen. Ich wusste von seinem ausschweifenden Leben, dass er kokste und Frauen für ihre Liebesdienste bezahlte. Allerdings war mir das Ausmaß nicht bekannt. Ich wunderte mich, dass er ständig klamm war, dachte aber auch: »Er lebt halt wie ich, haut immer alles raus.« 1992 hatte er ein neues Atelier gesucht, ich hatte ihm den Architekten David Chipperfield vermittelt, der ihm einen exklusiven Arbeitsplatz im Düsseldorfer Hafen baute. Eingezogen ist Jörg schließlich nicht – er wollte lieber in seinen gewohnten Räumen bleiben. Und zahlte trotzdem.

1997 erzählte mir der Chef einer Bank aus dem Rheinland, dass Immendorff 2 Millionen Mark Schulden habe, er zahle seine Kredite nicht zurück. Ob ich helfen könne. Ich fragte die Sammlerfamilie Viehof, mit denen ich später die Sammlung Rheingold gründete – sie kauften Jörg zahlreiche Werke ab. Er war auf einen Schlag entschuldet.

Irgendwann begann die Geschichte mit den Affen. Jörgs Galerist Michael Werner hielt sie für Kitsch und wollte sie nicht gießen lassen, ich fand sie ganz süß und organisierte einen Banker, der die Skulpturen vorfinanzierte und die Rechte bekam, am Verkauf beteiligt zu werden. Ein Drittel für ihn, ein Drittel für Jörg, ein Drittel für mich, so war der Deal. Die Affen kamen gut an, sie verkauften sich wie wild. Wichtig ist, dass solche Skulpturen immer streng limitiert sind, sonst werden sie zur Massenware und verlieren an Wert. Bei den Affen einigten wir uns auf Sechser-Auflagen, zusätzlich gab es immer drei Exemplare, die nicht in den freien Verkauf gingen. Jörg und seine Assistenten – auch sein Schwiegervater half irgendwann beim Gießen – waren äußerst fleißig. Die Affen vermehrten sich fruchtbar. Irgendwann gab es 38 verschiedene Arten, mal 7 Zentimeter klein, mal 70 Zentimeter groß.

Als ich im Werkraum eines Bronzegießers zu Besuch war, entdeckte ich je 14 Skulpturen von den drei bestverkauften Affen-Motiven. Sie waren allerdings etwas kleiner als die Affen der Editionen. Wo die herkämen, was das solle, fragte ich den Gießer. Da müsse ich den Herrn Professor fragen, sagte der. Ich rief Jörg an und stellte ihn zur Rede. Fragte, woher die Affen kämen. »Jetzt hast du mich erwischt, Helge! Ich brauche das Cash!«, sagte er.

Die Kunstexperten verloren den Überblick, in wie vielen Auflagen und Varianten welches Motiv auf den Markt gelangte – das Rätselraten dauert bis heute an. Ich kann gesichert sagen, dass es von drei Affen-Motiven Güsse jenseits der festgelegten Auflage gibt. Den Sammlern scheint das nicht so wichtig zu sein.

Die Affen wurden zu Jörgs Alter Ego – und zum Symbol unserer Freundschaft. Ich nannte meine drei Edelrestaurants in der Düsseldorfer City »Monkey's«, Jörgs Affen waren dort zu sehen, eine Strandbar im Düsseldorfer Hafen nannte ich »Monkey's Island«, Jörg erhielt im Gegenzug Anteile. Entworfen hatte Jörg die Affen für eine Ausstellung in Peking. Im chinesischen Tierkreis steht der Affe für Temperament und Zuchtlosigkeit. Wie passend!

Als mein Lagerbestand verramscht wurde, während ich im Knast saß, erzielte eine der Skulpturen (*Komm Jörch wir gehen* zeigt Joseph Beuys mit einem Affen an der Hand) bei einer Auktion 210 000 Euro – mehr ist für eine Bronze von Jörg nie gezahlt worden. 67 Affenbronzen kamen bei VAN HAM unter den Hammer. VAN-HAM-Chef Markus Eisenbeis sagte danach triumphierend: »Allen Unkenrufen zum Trotz wurde der Markt für Immendorff-Bronzen demnach nicht verunsichert, sondern auf ein neues Niveau gehoben!«

Jörg ist nicht der einzige Künstler, der »besonders gut laufende Motive« ein paar Mal zu oft auflegte. Aber für mich ist er der liebenswerteste. Ich habe ihm alles verziehen (vielleicht auch, weil ich mich selbst in ihm erkannt habe). Auch die Sache mit der Blutwäsche.

Als wir in meinen Räumen im Düsseldorfer Hafen seine Ausstellung *Wie geht es der Malerhand?* realisierten, wusste ich noch nicht, dass Jörg die unheilbare Nervenkrankheit ALS hatte. Irgendwann sagte er zu mir: »Scheiße, meine Hand funktioniert nicht mehr so gut. Irgendein Blödmann an der Uni hat mir gesagt, ich habe eine tödliche Krankheit!« Jörg war – ähnlich wie ich – ein Verdrängungskünstler.

Ab dem Jahr 2000 brauchte Jörg Hilfe, er konnte nicht mehr eigenständig arbeiten und leben. Wenn er anrief, war mir oft klar, dass er Bilder verkaufen wollte oder Geld brauchte. Irgendwann sagte er mir am Telefon, dass er eine neuartige Therapieform einer russischen Ärztin aufgetan habe, so etwas wie eine Blutwäsche, jede Therapie koste allerdings 25 000, und er müsse sie mindestens zehn Mal, vielleicht öfter machen, um seine Aussichten zu verbessern. Etliche Male ließ ich ihm über einen Boten die Beträge zukommen.

Ein paar Wochen später war ich mit meiner Familie in Italien im Sommerurlaub auf einem Boot, als mich ein Redakteur der *Rheinischen Post* anrief. Ob ich schon gehört hätte, dass sie Immendorff im »Steigenberger Parkhotel« mit 21 Gramm Kokain und neun Prostituierten erwischt hätten. Ich wusste von Jörgs exzessivem Lebenswandel: Einmal hatten wir in einem Hotelfoyer seinen Geburtstag gefeiert – das heißt, er wollte reinfeiern. Mit am Tisch saßen neun sehr junge, sehr leicht bekleidete Frauen. Kurz vor 0 Uhr empfahl Jörg sich samt der Frauen ins Hotelzimmer – und ließ seine Kumpels allein anstoßen. Dass er solche Partys allerdings regelmäßig veranstaltete, wusste ich nicht.

Nachdem er erwischt worden war, fiel die Pressemeute über Jörg her. Der Boulevard machte ihn zum »Sex-Monster«, die Orgie nahm im Sommerloch die Ausmaße eines Staatsakts an. Ich bot ihm an, nach Italien zu kommen, um vor den Journalisten zu flüchten.

Doch Jörg blieb lieber, sprach mit allen, begründete, warum er als Künstler seine Zügellosigkeit ausleben müsse – und die Journalisten konnten ihr Glück kaum fassen.

Erst als Freunde von Immendorff sich an Friede Springer wandten und ihr erzählten, dass Jörg unheilbar krank sei, ruderte die *Bild*-Zeitung, die die Affäre besonders weidlich ausgeschlachtet hatte, zurück. Sie ließ ihn – Überhöhung muss sein! – eine Volksbibel gestalten und feierte ihn als visionären Revoluzzer. Chefredakteur Kai Diekmann ließ es sich nicht nehmen, Jörg eigenhändig im Rollstuhl in die Ausstellung zu schieben, um das heilige Buch zu präsentieren.

Erst als ich den Prozess gegen Jörg im Zuschauerraum verfolgte, wurde mir klar, was ich mir schon früher hätte denken können: Die Zeiten der Sex-Parties waren identisch mit jenen, an denen er sich angeblich von der russischen Ärztin behandeln ließ. Ich hatte ihm also vermutlich für eine viertel Million Euro Kokain und Escort-Prostituierte finanziert.

Was Jörg rettete, war, dass er ein charismatischer, liebenswerter Typ war. Dazu unheilbar krank. Und Künstler mit dem Image eines Anarchisten. Die Öffentlichkeit verzieh ihm – er konnte trotz seiner Sex-Orgien und der fortschreitenden Krankheit ein Porträt von Kanzler Gerhard Schröder malen, mit dem er befreundet war. Weil Jörg nicht mehr reisen konnte, stand Schröder ihm in Düsseldorf Modell. So hatte er es gern: Der mächtigste Mann des Landes war ihm zu Diensten.

19. MIT WARHOL IM PRIVATJET, MIT RICHTER AM FUJIYAMA

Begegnungen mit Künstlern

Tokio, Kairo, New York, London, 1983 bis 1992. In jungen Jahren habe ich die Nähe zu Künstlern gesucht, weil sie mich fasziniert haben. Joseph Beuys, Jörg Immendorff, Gerhard Richter oder Günther Uecker waren keine Schaumschläger – sie hatten etwas zu bieten und hatten eine strahlende Aura. Jörg wurde irgendwann zu einem Freund, künstlerisch am nächsten waren mir dagegen Richter und Uecker. Beide waren eher zurückhaltend und intellektuell – und beide standen der Idee der Kunstberatung für Unternehmen, um Kunst und Architektur zu verbinden, kritisch, aber offen gegenüber. Mit Gerhard arbeitete ich 1979 das erste Mal zusammen, als er für die New Yorker Niederlassung der Hessischen Landesbank ein Gemälde anfertigte. Das heißt, die Vorstände der Bank wünschten sich ein Manhattan-Bild und Richter sagte, er müsse mal sehen, was ihm einfalle. Als die Vorstände dann anreisten, um in seinem Atelier das fertige Bild zu begutachten, verfinsterte sich ihr Blick: Das Bild *New York Sky*, 2 × 3,35 Meter, war abstrakt – eines der ersten abstrakten Ölbilder in seinem Œuvre überhaupt. Die Banker kauften es trotzdem – und trauten sich nicht, ihre Enttäuschung kundzutun.

Richter hat sich immer nur an seine eigenen Vorstellungen und Prinzipien gehalten – was andere dachten, war ihm egal. Vielleicht habe ich ihn auch deswegen so bewundert. Mir war es oft sehr wichtig, was andere über mich dachten. Richter war für mich ein Vorbild in freiem Denken und Handeln. Das zeigte sich auch in seinem Missmut gegenüber dem braunen Marmor im Foyer der Victoria-

Versicherung – sein Fall ins Wasserbecken, um die Eröffnung so zu boykottieren, war ein echter Richter.

1991 reisten wir – Gerhard, seine damalige Frau Isa Genzken, meine damalige Freundin Dorothee und ich – zusammen nach Japan. Ich hatte schon lange davon geträumt, mit Gerhard Richter nach Asien zu reisen. Gemeinsam entwickelten wir die Idee, einen Film über diese Reise zu drehen. Dafür hatte ich den Kameramann des berühmten Regisseurs David Lynch eingeladen. Als die WDR-Kulturredakteurin Wibke von Bonin von dem Projekt hörte, bekam ich ohne Diskussion bestätigt, dass der WDR diesen Film finanzieren möchte.

Der Anfang war vielversprechend: Am ersten Morgen standen wir um 4 Uhr morgens auf und besuchten einen Fischmarkt. Aufgebahrt nach Größen, Qualitäten und Preisen lagen riesige schwarz glänzende Thunfische (wie viel anmutiger als Damien Hirsts Haie in Formaldehyd!) in der Halle, Menschen wuselten umher, karrten Fisch an, zerteilten Fisch, ließen Kunden Fisch probieren, jeder wusste, was zu tun war – außer uns. Wir hatten kein Drehbuch für den Film, wollten uns treiben lassen, ließen uns Stücke frischen Thunfischs geben, erlebten zusammen den Sonnenaufgang. Es war herrlich.

Als wir am nächsten Morgen Richtung Fujiyama reisten, gerieten wir in einen schweren Taifun, der die Gleise zerstörte. Wir mussten aussteigen und fuhren mit Taxen weiter – das Unwetter war wie ein schlechtes Omen, fast so wie bei meiner Ankunft in Düsseldorf im Juni 2014, als ein Sturmtief ankündigte, was mir bevorstand. In Japan wurden wir nicht verhaftet, trotzdem endete die Reise im Desaster. Gerhard meinte, dass wir uns alle zu eng auf der Pelle hockten, er fühle sich, als kämen wir ständig mit einer Kiste Champagner in sein Büro. Isa, schon damals manisch-depressiv, funkte häufig rein, der Kameramann hatte niemanden, der ihn anleitete, Dorothee und ich, die mit dem Film direkt nichts zu tun hatten – Gerhard ging das auf die Nerven, irgendwann sagte er: »Helge, wir haben ein Problem. Entweder du reist mit Dorothee ab, oder wir brechen das Projekt ganz ab.« Ich flog dann mit Dorothee nach Hongkong, dort haben wir Gerhard und Isa auf der Rückreise noch mal kurz getroffen. Immerhin hatten sie in der Zwischenzeit 80 Stunden Filmmaterial produziert – leider wurde daraus nie ein Film.

Einige Wochen nach unserem Japan-Erlebnis rief Gerhard wieder an. Er klang, als hätten ihm die Spannungen auf unserer Reise zugesetzt – und lud Dorothee und mich ein, ihn und Isa nach Ägypten zu begleiten. Ein gemeinsamer Freund hatte Gerhard und Isa nach Ägypten eingeladen.

Das war eine schöne Versöhnungsidee, und wir hatten zufällig sogar Zeit. Eine Kreuzfahrt, das war kein Stress, wir hatten kein großes Programm und konnten uns wieder näherkommen. Dorothee verstand sich gut mit dem Schriftsteller Hans Magnus Enzensberger, der uns wie einige weitere spannende Menschen auf der Reise begleitete, wir trafen an einem Abend Boutros-Ghali, der kurz davor aus seinem Amt als UN-Generalsekretär ausgeschieden war, schauten die Pyramiden von Gizeh an und genossen ein grandioses Kulturprogramm.

Nur leider gab es erneut Spannungen mit Gerhard und seiner Frau. Isa Genzken ging es während der Reise sehr schlecht. Vor einem Essen sagte sie zu mir, dass es ein Unding sei, dass Gerhard und sie eine solche Gesellschaft ertragen müssten: Die Mittelmäßigkeit der Reisegesellschaft widere sie an. In meiner Erinnerung sagte sie in etwa: »Meinst du, Thomas Mann oder die Callas hätten sich mit solchen Spießern abgegeben? Das hättest du verhindern können, Helge!« Das war mir dann doch zu viel, in solchen Momenten reagiere ich oft impulsiv. »Habt ihr mich eingeladen oder ich euch?«, fragte ich. »Wenn es dir nicht passt, geht doch einfach vom Schiff. Ich organisiere euch schnell eine Rückreise, und ihr lasst euch an Land bringen!« Die Stimmung war explosiv. Gerhard tat mir leid.

Gerhard und Isa ließen sich in der Folge kaum noch an Deck blicken, die beiden zogen sich zurück. Zurück in Kairo verordneten wir uns erst einmal eine Denkpause. Eigentlich hatten wir vereinbart, dass es zu seinem 60. Geburtstag ein Fest geben sollte, das ich mitorganisieren wollte. Aber das ging nun nicht mehr. Ich hatte mich heftig mit seiner Frau gestritten (von der er sich wenig später trennte), wir hatten zweimal hintereinander erfahren, dass es knallte, wenn wir so eng aufeinander hockten – und hielten fortan Distanz.

Wieder getroffen haben wir uns dann zufällig, viele Jahre später am Rande der Biennale in Venedig. Wir wohnten im gleichen Hotel, Gerhard wartete mit seiner neuen Frau Sabine Moritz an der Bootsanlegestelle, ich mit Dorothee. »Mensch Achenbach, schön dich wiederzusehen, ich habe dich vermisst«, sagte er. Ich hatte ihn auch vermisst. Wir umarmten uns, sprachen ein bisschen und vereinbarten, uns in Köln wiederzusehen. So eng wie früher wurde unsere Beziehung zwar nicht wieder – wir wussten jetzt, wo unsere Grenzen sind. Aber auch, genau wie früher, wann und wo wir etwas zusammen erreichen können.

Selten war unsere Zusammenarbeit sinnvoller als im Sommer 2002. Halb Dresden war vom Elbhochwasser überflutet worden, die Staatlichen Kunstsammlungen mussten gerettet werden, die Gebäude waren schwer beschädigt, auf 28 Millionen Euro wurde der Schaden später beziffert. Das Kunstmuseum Albertinum stand vor der Schließung. Aber da war neben dem Entsetzen auch ein unbändiger Wille anzupacken, beim Aufbau zu helfen, Sponsoren zu finden.

Gerhard Schröder half das Hochwasser letztlich, Bundekanzler zu bleiben – er zeigte sich als zupackend in Gummistiefeln und mit besorgtem Blick. Schröders Kulturstaatsminister Julia Nida-Rümelin fragte mich, ob ich nicht eine Idee hätte, was man für die Kunstsammlungen tun könnte. »Wie wäre es mit einer Kunstversteigerung für ein neues Depot der Staatlichen Kunstsammlungen? Dafür könnte ich sicher Werke einiger bekannter Künstler zusammentragen«, schlug ich vor.

Dresden ist Gerhard Richters Heimatstadt – also rief ich ihn zuerst an. Er wollte sofort 1 Million Euro spenden, ich sagte ihm aber, dass es noch hilfreicher wäre, wenn er ein Gemälde spenden würde. Schließlich bot er mir das Bild *Fels* an, das zu der Zeit bei einem Baseler Galeristen ausgestellt war. Veranschlagt wurde es mit 400 000 bis 600 000 Euro – und brachte die Auktion ins Rollen. Nach Richters Zusage stellten viele weitere bedeutende Künstler ein Werk zur Verfügung – zum Beispiel Georg Baselitz, Axel Hütte und Andreas Gursky. Am Ende brachte die Auktion mit 46 Werken 3,4 Millionen Euro ein. Am Vorabend hatte Gerhard angerufen und gesagt, dass es womöglich ein Fehler gewesen sei, das Bild in die Auktion zu geben, es finde vielleicht keinen Käufer. Es wurde für 2,6 Millionen Euro verkauft – und machte so den Bärenanteil der gesamten Auktion aus.

Wie konnte ich Gerhard danken? Richter verehrt Caspar David Friedrich, einen der bedeutendsten Maler der frühen Romantik, dessen Werke auch in der Galerie Neue Meister in Dresden zu sehen waren. Ich rief Martin Roth, seinerzeit Generaldirektor des Museums, an und fragte, ob man mit Dauerleihgaben von Richters Arbeiten nicht einen Raum in der Nähe von Friedrich gestalten könne. Es war möglich. Alle waren glücklich.

Außerdem schlug ich vor, das persönliche Archiv Richters in Dresden aufzubauen. Mir ging es dabei vor allem darum, Gerhard Richter mit seiner Heimatstadt zu versöhnen. Das Archiv kam und wird von Dr. Dietmar Elger hervorragend geleitet.

Eine andere Geschichte verbindet mich mit Andy Warhol. Mitte der 80er-Jahre sollte Andy in Hamburg eine Unternehmerfamilie porträtieren, flog aber nach Düsseldorf und residierte im »Breitenbacher Hof«. Dummerweise fand in Hamburg ein großer Handwerkerkongress statt und die Linienflüge waren ausgebucht. Kurzerhand charterte ich ein Privatflugzeug – es war, glaube ich, das erste Mal überhaupt, dass ich das tat – aus Spargründen allerdings nur eine kleine Turboprop-Maschine. Andy wurde bleich um die

Nasenspitze, als er das Flugzeug sah, trug aber eine Sonnenbrille und sagte nichts. Ich wusste nicht, dass er kleine Flugzeuge hasste – und Angst hatte, in ihnen zu fliegen. Der kurze Flug geriet zum Horrortrip. Andy sagte kein Wort, ich merkte, dass es ihm schlecht ging. Als das Flugzeug irgendwann in Turbulenzen geriet, wurde er grün im Gesicht und schaffte es gerade noch rechtzeitig, eine Tüte zu öffnen. Er sagte noch Stunden später keinen Ton – und nahm für die Rückfahrt den Zug.

Als wir uns im Januar 1987 in seiner Factory in New York trafen, haben wir über die Episode gelacht. Da wollte ich Andy überzeugen, Bilder von großen Städten zu malen – London, New York, Paris, Berlin, Tokio, Shanghai, Rio –, weil ich dachte, die Pop-Art-Ästhetik würde bei Städtebildern ähnlich genial funktionieren wie bei Andys Porträts. Der Meister zeigte sich angetan von der Idee, wir vereinbarten, uns zwei Wochen später erneut zu treffen, er müsse zuvor noch mal kurz ins Krankenhaus. Zu dem Treffen kam es nicht mehr. Am 22. Februar starb einer der höchst gehandelten Künstler unserer Zeit völlig unerwartet an den Folgen einer Komplikation bei einer Gallenblasenoperation. Wir waren für die darauffolgende Woche verabredet.

Andy, Sohn einer armen Bauernfamilie aus den Karpaten, war wahrscheinlich der erste Künstler, der gleichzeitig ein Popstar war. Als er mich einmal in New York zum Essen eingeladen hatte, kreischten die Menschen, als sie ihn sahen, er musste von Sicherheitsleuten abgeschirmt werden, die uns in eine Ecke eines Clubs brachten, die niemand einsehen konnte. Am Tisch saßen Andys Freunde, darunter Paloma Picasso, die den ganzen Abend Geschichten von ihrem Vater erzählte.

Eine schöne Begegnung verbindet mich auch mit Henry Moore, einem der wichtigsten zeitgenössischen Bildhauer. IBM Deutschland hatte uns im Jahr 1983 einen großen Auftrag für ein Kunstkonzept gegeben – dafür sollten wir auch eine große Skulptur von Moore kaufen. Da die Arbeit vor der Firmenzentrale stehen sollte, wollten sich die Vorstände vor Ort ein Bild von Moore machen – also besichtigten wir gemeinsam eine Ausstellung von ihm in der Londoner Tate Gallery, bevor wir ein Taxi nahmen, um uns zu seinem Landsitz in einem kleinen Dorf in der Nähe der Hauptstadt bringen zu lassen. Als wir sagten, wir wollten bitte nach Much Hadham, fragte der Fahrer wie aus der Pistole geschossen: »Wollen Sie zu Henry Moore?« Natürlich war der Künstler der berühmteste Bewohner dieses Orts, trotzdem fragte ich ihn, ob er Moore denn kenne. Zu unserer Verblüffung erzählte der Mann uns – einer von rund 8000 Taxifahrern in London –, dass er 30 Jahre lang als Chauffeur von Moore gearbeitet habe und noch immer in Much Hadham wohne und auch noch als Postbote des Ortes arbeite.

Moore lächelte, als wir am Nachmittag mit seinem langjährigen Fahrer vorfuhren. Er führte uns über seine Wiesen, auf denen seine großen Skulpturen standen, tranken mit ihm Tee und unterhielten uns über Paul Cézanne – ich hatte ihm den Katalog einer Cézanne-Ausstellung in Tübingen mitgebracht, weil ich wusste, dass Moore Cézanne verehrte, er zeigte mir daraufhin ein Aquarell des Malers über seinem Bett. Beschwingt verließen wir Much Hadham wieder.

Leider entschieden sich die IBM-Chefs später nicht für eine große Skulptur. Moore war seinerzeit einer der teuersten Bildhauer der Welt.

Natürlich gab es viele solcher Begegnungen. Oft rein beruflich, bei manchen Künstlern wie Jörg Immendorff, Günther Uecker oder Andreas Gursky wurde es irgendwann mehr. Wir feierten zusammen oder flogen gemeinsam nach Lanzarote, ich habe bei Gurskys Hochzeit eine Rede gehalten und bin mit ihm den Marathon in New York gelaufen.

Ende der 80er-Jahre hatte ich ein witziges Erlebnis mit Markus Lüpertz. Ich lud ihn zu einer Beuys-Ausstellung im Düsseldorfer Hafen ein und bat ihn, damals Rektor der Kunstakademie, zu einem Abendessen mit Sammlern aus aller Welt zu kommen. Markus hatte zugesagt, ließ aber vormittags von seiner Sekretärin absagen. Was war geschehen?

Der Spiegel hatte mich um eine Mannschaftsaufstellung für Künstler gefragt und ich hatte dem Reporter gesagt: Im Tor Joseph Beuys, Stürmer Sigmar Polke links, Gerhard Richter in der Mitte und rechts Kiefer. Lüpertz und Immendorff setzte ich auf die Reservebank. Ihr Chef wolle nicht als Reservespieler mit den Großen zusammensitzen und auch noch eine Laudatio für sie halten, ließ Lüpertz' Sekretärin vor der Beuys-Ausstellung ausrichten und legte auf. Trotzdem haben Markus Lüpertz und ich immer wieder konstruktiv zusammengearbeitet.

20. ZWEI MILLIONEN FÜRS AUSSTEIGEN

Der Poker um die Sammlung eines Bankers

Düsseldorf/Köln, 1987. Die Beuys-Ausstellung im Düsseldorfer Hafen geht auf ein Projekt zurück, das ich nie vergessen werde. 1987 bot sich eine großartige Chance zum Kauf einer großartigen Kunstsammlung. Der Kauf der Sammlung eines Bankiers, der seine eigene Privatbank über Jahre betrogen hatte und dafür ins Gefängnis wandern sollte, katapultierte mich kurzzeitig in ungeahnte Höhen. Der Deal entpuppte sich allerdings auch als Meilenstein auf meinem Weg zur Verrohung – selten habe ich härter erlebt, wie gezockt wird, wenn es um viel Geld geht.

Die Sammlung, die mir ein Wirtschaftsprüfer mit dem Hinweis anbot, es müsse sehr schnell gehen, war ein Konvolut, das mein Herz höher hüpfen ließ: 300 Werke von Beuys, Picasso, Giacometti, Yves Klein, Jackson Pollock, Cy Twombly, Max Beckmann, Salvador Dalí, Max Beckmann, Hans Arp, Jean Fautrier, Jean Dubuffet, Henri Matisse – es gab in dieser Sammlung fast nichts, was es nicht gab. Alle Bilder waren »marktfrisch«, wie es im Händlerjargon heißt. Sie waren in den 70er-Jahren an den Banker verkauft und lange nicht mehr gehandelt worden, das Interesse war entsprechend groß.

Der Staatsanwalt hatte meiner Erinnerung nach eine Bewährungsstrafe für den Fall vorgeschlagen, dass es dem Banker gelingen würde, seine Bank zu entschädigen. Der Wert der Sammlung wurde auf 22 Millionen Mark geschätzt. Im Nachhinein ein großartiger Einkaufspreis.

Natürlich war ich interessiert. Brennend. Fiebrig. Sagte das dem Anwalt möglichst cool, innerlich wühlte mich die Aussicht auf die fantastische Sammlung allerdings auf. Als der Vermittler fragte, ob ich in der Lage sei, die 22 Millionen kurzfristig zu organisieren, musste ich nicht lange überlegen. Ich hatte einen guten Draht zu einer Bank in Liechtenstein, mit der ich über den Aufbau eines Kunstfonds nachdachte, erklärte ihr das Angebot und den mutmaßlichen Wert der Sammlung (ich rechnete mit mindestens 50 Millionen Mark, heute ist das Konvolut sicher 1 Milliarde wert). Die Bank brauchte ein paar Wochen, um mir das Okay für die Finanzierung zu geben. Ich rief den Anwalt an und sagte: »Ich will kaufen.«

Wir trafen uns an einem Samstag im November in der Kanzlei des Anwalts auf der Königsallee. Ich erklärte, dass ich bereit sei, die 22 Millionen zu zahlen. Wir könnten den Vertrag noch heute unterschreiben. Er sagte: »Sehr gut, geben Sie mir fünf Minuten. Es gibt da noch jemanden, der Interesse hat.« Ich blickte auf, schaute den Anwalt an, mir schwante Böses: Hier stimmt etwas nicht. War aber nicht sonderlich überrascht. Einige Minuten später kam der Unterhändler wieder: »Ich habe mit dem Interessenten gesprochen, der bietet 22,5 Millionen.« – »Ok, dann bieten wir 23 Millionen.« Er ging raus, telefonierte mit der anderen Partei, die boten 24 Millionen. So ging das Spiel weiter. Bei 25 Millionen rief ich meine Bank an und ließ mir Gebote bis 30 Millionen absegnen. Ich sagte meinem Banker, dass ich ein komisches Gefühl hätte, dass die andere Seite genau wisse, was die Sammlung wert sei.

Als wir bei 29 Millionen angelangt waren, musste ich auf die Bremse treten. »Wissen Sie was«, sagte ich, »so geht das hier nicht. Ich bin nicht auf einer Kunstauktion. Ich glaube, Sie wollen einfach den Preis hochtreiben. Mit wem habe ich es überhaupt zu tun? Was soll das? Sie haben mich hierhergebeten, um über eine Sammlung für 22 Millionen zu sprechen!«

Der Unterhändler murmelte entschuldigende Worte. Den zweiten Interessenten gebe es wirklich, er sei kurzfristig dazugekommen. Wer das sei, wollte ich wissen. Das dürfe er nicht sagen. Sie sei Galeristin, er Banker. In diesem Moment wusste ich Bescheid. Es mussten die Galeristin Krystyna Gmurzynska und der Oppenheim-Banker Thomas Bscher sein. Bscher war Gesellschafter und einer von sechs Geschäftsführern der Sal. Oppenheim, einer traditionsreichen Kölner Privatbank, zu deren Kommanditisten eine Zeit lang auch der frühere Bertelsmann- und Arcandor-Chef Thomas Middelhoff gehörte, den ich knapp 30 Jahre später im Knast kennenlernen sollte. Die Bank stürzte später über zwielichtige Fondsgeschäfte (Stichwort: »Oppenheim-Esch-Fonds«), drei Gesellschafter erhielten Freiheitsstrafen. Viele steinreiche Anleger – darunter auch Kunden von mir – klagten seinerzeit auf Entschädigung. Die Kaste der Kunstsammler ist wie erwähnt übersichtlich. Man kennt sich.

Ich sagte dem Anwalt, dass wir am Montag weitersprechen würden – er möge mir drei Tage geben. Er nickte, ihm war das Wettbieten offenbar selbst auch etwas unangenehm. Ein paar Stunden später rief ich Krystyna Gmurzynska an und fragte sie, ob sie gerade bei einer Telefonauktion gegen mich bieten würde. Sie reichte mich weiter an ihren Mann. Bscher bestätigte es zögerlich. Ja, er habe soeben 28,5 Millionen geboten. Und nein, er habe nicht gewusst, dass ich der andere Bieter bin.

Wir verabredeten uns für den darauffolgenden Sonntag im Kölner Hahnwald. Es schneite, als ich durch das abgeschottete Villenviertel fuhr, die eisige Luft passte zu dem, was dann kam. Neben Gmurzynska und Bscher saß Karsten Greve, der heute zu den einflussreichsten Galeristen und Kunsthändlern der Welt zählt und schon Ende der 80er- Jahre einen guten Namen hatte. Die drei wollten die Sammlung zusammen kaufen.

Bscher eröffnete seine Rede mit den Worten, dass ich doch bekannt dafür sei, dass ich Poster in Firmen aufhänge. Dieser Deal sei eine Nummer zu groß für mich. Ich solle doch aussteigen! Sodann bot er mir eine Million, sofern ich zurückziehe. Ich brodelte innerlich und sagte: »Ich werde von meinem Kaufinteresse sicher nicht zurücktreten.« Greve fragte, wenn ich mich richtig entsinne, ob sich das mit 2 Millionen womöglich ändern lasse. Ich rief meinen Banker an und bot Bscher und Greve jeweils 2 Millionen fürs Aussteigen. Sie könnten es sich abschminken, mich zum Aussteigen zu bewegen.

Irgendwann verstanden sie, dass sie mich nicht rauskicken konnten wie einen Fußball aus dem Feld. Wir einigten uns schließlich darauf, dass wir die Sammlung aufteilen würden. Bscher und Greve schlugen vor, zu dritteln – ich beharrte auf 50/50 und sagte, ich würde notfalls auch 50 Millionen für das Konvolut zahlen. Schließlich gaben sie nach. 50/50. Bscher sollte dem Anwalt offiziell absagen, um den Poker zu beenden. Ich verließ das Villenviertel mit einer seltsamen Mischung aus Genugtuung, Wut und Ekel.

Bscher rief dann tatsächlich den Anwalt an und sagte ihm, er trete vom Kauf zurück. Daraufhin rief der Anwalt mich an. Seine Stimme klang heller, aufgeregter als sonst, als er mich fragte, ob ich zu meinem Wort stehe, 29 Millionen. »Nein«, sagte ich, »22 Millionen, wie am Anfang besprochen.« – In dem Wissen, dass sein Mandant, der mit dem Rücken zur Wand stand und zitterte, das Geld bis Freitag brauchte. »Wir können den Vertrag am Donnerstag unterschreiben«, sagte ich. Der Unterhändler willigte ein.

Am besagten Termin drückte man mir nur die Paraphierung des Vertrags in die Hand – einen Zettel ohne Rechtskraft. Ich unterschrieb, meine Anwälte warnten mich nicht. Die Unterschrift zum richtigen Vertrag, sagte der Unterhändler, folge dann am nächsten Tag. »Natürlich, klar«, sagte ich. Wie konnte ich in diesem Moment noch so naiv sein?

Mit der Paraphierung ging der Anwalt zu seiner Bank und bat um Zahlungsaufschub für seinen Mandanten. Die Bank willigte ein. Am Freitagmittag um 14 Uhr saß ich mit Bscher und Greve in seiner Kanzlei in der Königsallee, um den Vertrag zu unterschreiben, 50/50, wie wir besprochen hatten. Der Anwalt aber hatte unser Spiel durchschaut. »Der neue Preis liegt bei 25 Millionen, meine Herren.«

Jetzt waren wir drei wütend, baten um Aufschub und verließen sein Büro. Wir hatten uns gegenseitig hochgeboten, dann zusammengetan – um nun von diesem Herrn Doktor zerfleischt zu werden. Als ich im Auto saß und nach Hause fuhr, strengte ich mich an zu überlegen, was jetzt wohl geschehe. Mein Instinkt sagte mir: »Du musst dranbleiben.« Mit meinem Autotelefon rief ich den Anwalt 30 Minuten später an und bat um einen neuen Verhandlungstermin. Doch der sagte mir, sorry, das tue ihm leid, er habe die Sammlung soeben für 25 Millionen an ihre Mitstreiter Bscher und Greve verkauft. »Wie bitte?« – »Ja, Sie haben richtig gehört. Sie sind zu spät.«

Jetzt rastete ich aus. Ich raste zurück, ohne auf Ampeln oder Geschwindigkeitsbegrenzungen zu achten, parkte das Auto vor der Kanzlei auf dem Bürgersteig der Königsallee und hastete die Treppen hoch. Im Besprechungsraum saßen sie noch: Greve, Bscher und der Herr Doktor. Sie bekamen einen Schreck, als ich plötzlich wieder da war. Bscher sagte etwas in der Art: So sei das eben, manchmal komme man zu spät, der Deal sei gelaufen, »aber diesmal ohne Sie«.

Ich atmete tief ein und dachte nach. Entweder würde ich als der Loser hier rausgehen oder ich brauchte einen Geistesblitz. Plötzlich hatte ich ihn. »Bscher«, sagte ich, »Sie sind ein toter Mann. Das ist das erste Mal in der Geschichte der privaten Banken Europas, dass ein konsortiales Geschäft auf diese linke Tour unterlaufen wird. Ich bin Vertreter der Liechtenstein-Bank, Sie sind Vertreter der Oppenheim-Bank – das gibt den größten Skandal. Mein Banker telefoniert gerade mit Ihrem Chef, Alfie Oppenheim.« In dieser Sekunde mutierte Bschers Gesicht zu einer Fratze. Er fragte Greve, ob sie mich wieder mit reinnehmen sollten.

Greve schlug erneut ein Drittel vor. Ich polterte: »Es bleibt, wie es ist. 50/50, sonst lasse ich die Bombe platzen.« Die Luft hätte man in diesem Moment schneiden können. Greve schob seinen Vertrag rüber und sagte, ich solle mich mit reinschreiben. Ich unterschrieb, kritzelte handschriftlich 50 Prozent Achenbach dazu, riss das Fenster auf und sagte: »Jetzt muss ich erst mal bessere Luft atmen.«

Am nächsten Morgen rief Krystyna Gmurzynska an und sagte, ihrem Mann tue das alles so leid, sie wollten keinen Streit. Wir würden künftig ganz toll zusammenarbeiten. Eine halbe Stunde später meldete sich Frau Greve: Sie solle mich von ihrem Mann grüßen, er wolle mit mir in Frieden arbeiten. Ich säuselte ein paar nette Worte zurück.

Wir überwiesen das Geld ein paar Tage später, der Banker entging einer mehrjährigen Haftstrafe.

Bis heute führt er eine Buchhandlung samt Galerie und Konzerthaus – für Lesungen kamen schon Joachim Gauck, Martin Walser und Martin Mosebach, Ulla Hahn und Miriam Meckel, vor ein paar Jahren erhielt er einen wichtigen Preis für seine Buchhandlung. Rehabilitation gelungen.

21. GRÖSSENWAHN UND GOLFKRIEG

Kurz vor der Insolvenz

Düsseldorf, 1990. Als wir die Sammlung des Bankers aufteilten, blieben Bscher, Greve und ich bei den gepflegten Umgangsformen. An meiner Seite saßen als Berater Werner Schmalenbach und Kasper König, zwei der renommiertesten Kuratoren überhaupt. Um jedes Bild feilschten wir einzeln: Schließlich hatte ich einen Beuys-Block mit 150 Arbeiten, *Schwammreliefs* von Yves Klein, ein Meisterwerk von Jackson Pollock, fünf Werke von Cy Twombly, dazu *Piège (Falle)*, das bedeutendste Werk von Jean Fautrier. Aus meiner Sicht hatte ich den weitaus wertvolleren Teil der Sammlung erhalten. Bscher und Greve hatten früh einen großen Teil ihres Budgets ausgegeben.

Jetzt saß ich auf einem Schatz, der für ein ganzes Leben gereicht hätte. Ein kluger Freund gab mir einen Rat: »Behalte die Kunst in deinem Lager und warte ab. Nimm dir eine Sekretärin und höre auf mit den Geschäften. Die Sammlung wird reichen, um dein Leben lang gut zu leben.« Er hatte gewiss recht. Allein die beiden Pollock-Bilder sind heute 120 Millionen Euro wert. Aber ich tickte natürlich komplett anders. Zuerst verkaufte ich einige Bilder von Yves Klein und zahlte der Bank die Finanzierung zurück. Dazu eine Gewinnbeteiligung in Höhe von 6,5 Millionen. Das war großzügig – oder größenwahnsinnig.

Und das blieb ich. Ein halbes Jahr nach dem Deal lernte ich einen Vorstand einer bayerischen Bank kennen. »Sie, Herr Achenbach«, sagte er in bayerischem Dialekt, »was sie da gemacht haben mit der Sammlung, das war schon echt gut. Ich bin der Kunstvorstand unserer Bank. Haben wir da einen Fehler gemacht, hätten wir die Sammlung kaufen sollen? Wissen Sie was, wenn Sie das nächste Mal was brauchen, würde ich Sie gern finanzieren.«

Das nächste Mal? Ich fackelte nicht lang. Wenn Sie mir 50 Millionen gäben, sagte ich dem Banker, könnten wir ins Geschäft kommen. »Was? Und was geben Sie uns für Sicherheiten?« – »Mein Kunstlager.« So einfach war es. Der Kunstvorstand schickte einen Chefbanker vobei, um den Deal zu beschließen.

Ich machte auf dicke Hose und sagte ein Drittel Gewinnbeteiligung für die Bank bei allen Verkäufen zu. Die Zinsen, 11 Prozent!, würde ich immer binnen drei Monaten begleichen. Mein Lager war doch voll! Ich hatte Richter, Pollock, Klee, Warhol – die schönsten und teuersten Sachen! Und die Preise stiegen munter weiter, weil die Klassiker fast ausverkauft waren und es immer mehr reiche Menschen gab, die dann eben zwangsläufig die großen zeitgenössischen Künstler kauften!

Mit dem Geld von der Bank konnte ich expandieren. Eröffnete immer neue Niederlassungen – 1988 hatte ich Büros in Berlin, München, Frankfurt, Köln, Karlsruhe, Düsseldorf, Leipzig und Paris. Entwickelte Kunstkonzepte für die Allianz, die AachenMünchener Versicherung, den Haftpflichtverband der Deutschen Industrie (HDI) und die Telekom, organisierte Ausstellungen mit Joseph Beuys, Keith Haring, Andy Warhol, Cindy Sherman und vielen anderen.

Zwischendurch kaufte ich noch 21 großartige Richter-Werke von dem Sammler Günter Ulbricht – *Seestücke, Kerzen*-Bilder, ein *Wolken*-Bild – für 1,75 Millionen Mark. Der Sammler hatte bei Investitionen aufs falsche Pferd gesetzt und musste kurzfristig veräußern. Wieder sagte eine Bank mir sehr schnell Geld zu. Als ich die Bilder abholte, brachte ich sie zunächst in meine Wohnung in Oberkassel und hängte sie allesamt auf – vom Wohnzimmer bis zum Flur und zur Küche, alles voller Richter-Bilder. So habe ich es übrigens immer gemacht: Lieblingsbilder hängte ich in den eigenen vier Wänden auf – bis ich sie verkaufte.

Als ich Richter von dem Kauf erzählte, war der sensible Künstler tief besorgt. Seine Werke stiegen gerade gewaltig im Wert – er wollte nicht, dass sie auf den freien Markt kämen. Er rief kurze Zeit später wieder an und sagte, dass der Verleger Frieder Burda Interesse habe. Burda kam wenig später im Privatjet nach Düsseldorf geflogen und schaute sich die Bilder in meiner Wohnung an. Staunend wie ein kleines Kind. Er suchte sich zehn aus – und überwies mir den Preis, den ich für alle 21 gezahlt hatte. Sie bildeten neben Werken von Polke und Baselitz den Grundstock für sein beeindruckendes Museum in Baden-Baden. Es ist schön, dass die Richter-Bilder in Burdas Händen geblieben sind.

Weitere zehn Bilder der Sammlung verkaufte ich an Bernd F. Lunkewitz, einen ebenfalls ambitionierten Sammler und der spätere Chef des Berliner Aufbau Verlags. Als es dem Verlag wirtschaftlich schlecht ging, musste er die Richter-Bilder leider verkaufen. Die 21 Werke sind heute schätzungsweise 500 Millionen Euro wert.

Einen Richter behielt ich vorläufig für mein Wohnzimmer. Ein *Seestück*, eines meiner absoluten Lieblingsbilder.

Die Banker-Sammlung, der Richter-Deal, dazu fast monatlich Konzernaufträge: In Windeseile entwickelte ich mich zu einem Artisten, der mit 20 Bällen auf einmal jongliert – und nach jedem gelungenen Auftritt glaubte: Einer mehr geht noch! Die Expansionslust war allerdings nicht nur meinem Größenwahn geschuldet: Die Preisspirale ging immer weiter nach oben, der Markt wuchs scheinbar fast unbegrenzt – und es zeigte sich, dass nur die kapitalstärksten Händler und Galeristen in der Lage waren, die Nachfrage zu befriedigen.

Dumm nur, dass sich der irakische Diktator Saddam Hussein kaum zwei Jahre nach dem Kauf der Sammlung des Bankers entschloss, in Kuwait einzumarschieren – und sich daraus einer der schlimmsten Kriege seit Ende des Zweiten Weltkriegs entwickelte. Auch der Weltmarkt für Kunst brach nach dem Ausbruch des Golfkriegs zusammen. Die Kunst aus meinem Lager war nicht mehr 50 oder 60 Millionen wert, sondern höchstens noch 25 oder 30 Millionen, vielleicht sogar deutlich weniger. Ein Baselitz, vor dem Golfkrieg für 700 000 Mark gehandelt, ging jetzt für 170 000 weg, es gab Auktionen, auf denen sich für Prachtbilder von Warhol niemand fand, der das Mindestgebot abgab. Viele Galeristen und Händler mussten Insolvenz anmelden.

Und ich stand morgens vor dem Spiegel und wusste: Während du dich rasierst, sind wieder 10 000 Mark Zinsen fällig. Alle drei Monate wollte die Bank 450 000 sehen. Ich wollte meine Bentleys verkaufen, fünf oder sechs hatte ich – aber auch die Preise für Luxusautos waren im Keller.

Irgendwann rief der Kunstvorstand der bayerischen Bank an: »Herr Achenbach, wir haben da ein Riesenproblem, Sie zahlen Ihre Zinsen nicht mehr!« Kleinlaut erklärte ich ihm die Lage. Er gab mir 5 Millionen Liquidität. Mit denen konnte ich eineinhalb Jahre überbrücken, doch die Preise erholten sich nicht. Als ich meine Zinsen weiterhin nicht bedienen konnte, stand eines Tages ein 2-Meter-Koloss vor mir und eröffnete die Ansprache mit den Worten: »Guten Tag Herr Achenbach, ich bin der Geier, der über der Beute schwebt.« Es gab da allerdings noch eine Präambel in unseren Verträgen, die meine Anwälte genau gelesen hatten. Darin hieß es, dass sich Bank und Achenbach nicht wie Kreditnehmer und Kreditgeber behandelten, sondern wie Partner, in guten wie in schlechten Zeiten. Diese Zeilen retteten mir den Arsch. Die Bank konnte mich nicht ohne Weiteres pfänden.

Ein paar Tage später rief mich der Vorstandsvorsitzende der Bank persönlich an. Ob wir ein Problem miteinander hätten. Nein! Natürlich nicht! Er lud mich ein, nach München zu kommen, um über die Sache zu sprechen. Ich solle einen Katalog mit meinen Bildern mitbringen. Wir setzten uns in einen Besprechungsraum und gingen die Werke Stück für Stück durch – einige Wochen später hatte die Bank mir Kunst im Wert von knapp 38 Millionen Mark abgekauft. Was denn der Restwert des Lagers sei, wollte der Vorstand wissen.

Ich bot die Restbestände bei Christie's und Sotheby's an, man bot mir 5 Millionen. Fehlten eigentlich noch 7 Millionen. »Geben Sie mir die 5 Millionen und alles ist gut«, sagte der Vorstand. Es war die Zeit, als die Deutsche Bank mit dem Slogan »Vertrauen ist der Anfang von allem« warb. Ich war der Bank dankbar, dass ich mich auf sie verlassen konnte.

Ich hatte die Insolvenz im letzten Moment abgewendet, war aber auch meine Kunst los – meine gesamte Substanz. Musste wieder bei null anfangen. Und hatte natürlich weiter hohe laufende Kosten.

Wie konnte es dazu kommen? Es war wohl eine Mischung aus Größenwahn, Naivität und Kindsköpfigkeit. Ich hätte der Bank weder zusichern müssen, Zinsen binnen drei Monaten zurückzuzahlen, noch eine derart hohe Gewinnbeteiligung garantieren sollen. Von dem irrwitzigen Kredit in Höhe von 50 Millionen an sich ganz zu schweigen. Aber ich verfuhr lieber nach dem Prinzip: Was kostet die Welt? *Easy come, easy go.*

So ging es mir noch einige Male: Nie legte ich Geld zur Seite, gern pokerte ich hoch. Meistens hatte ich viel Kunst und wenig Cash. Hatte ich mal Geld übrig, investierte ich es sofort wieder – in Kunst, Immobilien, Autos, Restaurants, Frauen oder in Fußball.

22. MARADONA FÜR FORTUNA DÜSSELDORF

Meine Zeit als Fußballpräsident

Düsseldorf, ab 1997. Als ich zusagte, Präsident von Fortuna Düsseldorf zu werden, tat ich das aus einer Mischung aus Naivität und Leidenschaft – Motiven, die bei mir immer wiedergekehrt sind. Gut, kann sein, dass ein Schuss Eitelkeit und Selbstüberschätzung auch dabei gewesen sein könnten. Narzissten glauben ja manchmal, auf alles eine bessere Antwort zu haben – das dachte ich in diesem Fall nicht, aber geschmeichelt fühlte ich mich schon, als man mich fragte.

Die Fortuna drohte damals, im Chaos zu versinken. Ich war bis Mitte der 90er-Jahre bloß Beobachter und Fan, der ins Stadion ging und mitlitt, wenn der Verein mal wieder abgestiegen war. Und der die großen Zeiten miterlebt hatte, das Finale im Europapokal der Pokalsieger 1979 zum Beispiel, 3:4 nach Verlängerung gegen Barcelona im St.-Jakob-Park in Basel, eins der besten Spiele der Vereinsgeschichte.

Die Not der Fortuna muss gewaltig gewesen sein, denn irgendwann fragte mich der damalige Schatzmeister Heinz Heßling, ob einer meiner Künstler nicht in der Jury für ein neues Maskottchen sitzen könne, am besten der Immendorff. Jörg fand das lustig, er schlug dann einen selbst kreierten schwarzen Raben im roten Fortuna-Trikot als Glücksbringer vor. Den wollten die Funktionäre dann aber leider nicht haben, keine Ahnung, wahrscheinlich, weil sie ironiefrei waren. Die Jurysitzung lief abenteuerlich ab: voller Neid und Missgunst, ohne Humor oder auch nur eine Spur von Leichtigkeit.

Aber ich dachte nur: »Ach, Fußballer sind halt abergläubisch, deswegen wollen sie keinen schwarzen Raben.«

Christiano Ronaldo soll ja im Mannschaftsbus immer ganz hinten sitzen, im Flieger ganz vorn, und vor jedem Freistoß stellt er sich hin wie ein Cowboy vor dem Showdown. Gerd Müller trug Schuhgröße 41, obwohl er eigentlich nur 38 oder 39 hatte, »damit kann ich mich besser drehen«, sagte er, während der österreichische Torjäger Johann Ettmayer konsequent zwei Nummern zu klein trug und das ebenso gut begründen konnte: »Ich wollte immer ein Kondom an den Füßen haben, sonst hast du doch kein Gefühl.«

Die Fortuna also wollte lieber keinen schwarzen Raben, aber mich wollten sie irgendwann schon. Präsident Jürgen Hauswald wollte mich zunächst für den Beirat gewinnen: »Visionäre wie dich brauchen wir«, sagte er am Telefon. Solch einen Honig rund ums Maul habe ich ohne zu überlegen abgeschleckt – und ich sagte zu. Dahinter steckte natürlich der Gedanke: »Menschen mit Kohle wie dich brauchen wir.« Aber ich war gern Visionär, in Sachen Kunst war ich es ja schließlich auch irgendwie.

Dann setzten vereinsinterne Machtspielchen ein – und ich erhielt einen Anruf der damaligen Oberbürgermeisterin Marie-Luise Smeets: »Kannst du das nicht machen, Helge? Wir brauchen dich!« – »Kann ich nicht, will ich nicht, da verbrenne ich mir die Finger!« So etwa war meine erste Antwort. »Überleg dir das bitte noch mal, der Verein braucht jemanden wie dich!«

Ich rief einige Freunde und Bekannte an, die Erfahrung mit Führungspositionen und Aufsichtsratsposten hatten: den Chef von Mannesmann, den Chef der Victoria-Versicherung, den von Thyssen, den Chefredakteur der *Rheinischen Post*. Von sechs Leuten sagten fünf: »Mach es nicht, du tust dir keinen Gefallen.« Auch meine Frau Dorothee fand die Vorstellung schrecklich. Nicht nur, weil sie Fußball nicht mochte. Sie ahnte, dass sie mich dann noch seltener zu sehen bekommen würde. Nur Vilim Vasata, Mitgründer der Werbeagentur BBDO, sagte: »Mach das, unbedingt! Mit dir könnte die

Fortuna die Vision verwirklichen: Fußball ist Kunst.« Das sei eine einmalige Chance!

Klar hatten Fußball und Kunst etwas gemein: Als Günter Netzer sich im Pokalfinale 1973 selbst einwechselte, um den entscheidenden Freistoß zu verwandeln, war das eine Kunstperformance. Maradonas Slalomtor bei der WM 1986 in Mexiko: Kunst! Beckenbauers 50-Meter-Pässe auf den Fuß von Müller: Kunst!

Ich sagte zu, im Präsidium mitzuarbeiten, als der Verein kurz vor der Pleite stand. Als Erstes musste ich die Insolvenz gemeinsam mit einigen anderen Unternehmern durch eine persönliche Bürgschaft abwenden. Die Sparkasse hatte ein Ultimatum gestellt. Nur wenig später ließ ich mich als Vizepräsident installieren. Sechs Wochen später trat der Präsident zurück und ich hatte den Salat.

Als ich bei der Fortuna anfing, stand der Verein auf einem Abstiegsplatz in der 2. Liga, mit Uli Maslo als Trainer. Wir vermieden den Abstieg und holten den jungen Trainer Klaus Allofs, der unseren Rekordspieler Gerd Zewe als Co-Trainer mitbrachte. Allofs ließ hinten eine Viererkette spielen, damals galt das als innovativ, fast avantgardistisch – die Spieler verstanden das System bloß leider nicht. Man hätte genauso gut versuchen können, Nilpferden das Lesen beizubringen. In der Saison ging es runter in die 3. Liga. Ich entließ Allofs, der sich später bei mir dafür bedankte, weil er dadurch in Bremen eine tolle Karriere als Manager starten konnte. Holte Jürgen Gelsdorf, einen supernetten Typen, aber wir kamen nicht weiter. Ich war ungeduldig, bediente die Klischees eines unerfahrenen Präsidenten, verschliss so viele Trainer wie heute Schalke oder der HSV.

Schließlich kam ich mit einem Freund auf den Gedanken, Diego Maradona für die Rückrunde 2000 für ein paar Spiele zur Fortuna zu holen. Der hatte seine Karriere zwar zweieinhalb Jahre zuvor beendet und war aus der Form gegangen, aber für die Fortuna wäre er noch gut genug gewesen – und was für ein Coup das gewesen wäre!

Für kurze Zeit schien mir Maradona als Schlüssel zur Lösung aller Fortuna-Probleme. Das Stadion wäre immer ausverkauft. Die Merchandising-Einnahmen würden sich verzehnfachen. Die Kooperationen mit meinen Freunden Immendorff und Gursky, eigene Ausstellungen zum Thema Fußball mithilfe von Maradonas Kontakten – gar nicht auszudenken, die unzähligen Möglichkeiten.

In meinen Plänen holte ich den besten Fußballer aller Zeiten schon am Flughafen ab und sprach mit ihm nach dem Training in einem würdigen Sternerestaurant bei Zigarre und Rotwein über Kunstprojekte. Ich war mir sicher: Gegen eine weitere Ikonisierung (in Argentinien und in Neapel wurde er ja schon angebetet wie ein Gott) durch weltbekannte Künstler hätte Diego nichts einzuwenden. Und der Fortuna könnten Maradona und die ihn angegliederten Kunstprojekte zur Genesung verhelfen.

Leider tickte die Fußballwelt nicht wie der Kunstmarkt. Der Verein hatte weiterhin Schulden, ich hatte weder die Kontakte noch den Einfluss in der Fußballwelt, um meinen Plan zu verwirklichen. Unser damaliger Manager Frank Mill tat Maradona zwar auf und schlug seinen Beratern einen Transfer vor. Als wir hörten, was Diego verdienen wollte, 500 000 Dollar für ein paar Spiele, plus

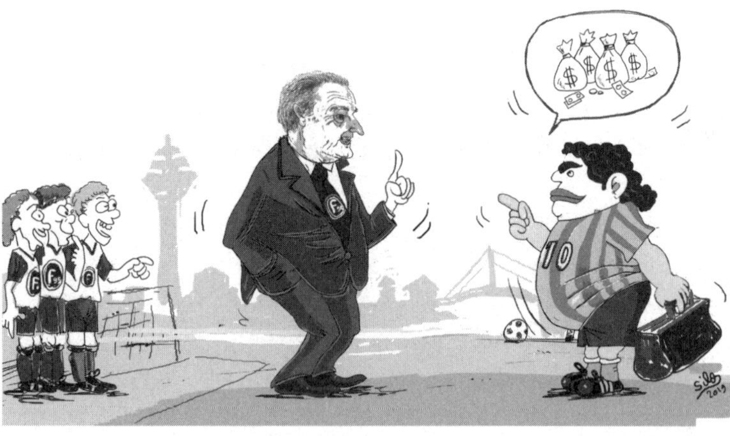

Prämien, Luxusunterkunft, alle möglichen Annehmlichkeiten, mussten wir die Gespräche allerdings abbrechen. Ich hätte zu tief in die Privatschatulle greifen müssen, um Diego nach Düsseldorf zu holen.

Meine nächste fixe Idee war dann, Paul Gascoigne zu uns zu lotsen, den einstigen englischen Superstar – allein, um die Fernsehkameras der Welt für ein paar Minuten in Düsseldorf zu haben. Aber »Gazza« befand sich gerade in einer Alkoholentzugsklinik und rang mit dem Tod. Natürlich wäre »Gazza« genauso wenig bezahlbar gewesen wie Maradona.

Im Nachhinein denke ich mir: »Vielleicht hätte ich mehr dafür tun können, Maradona zu holen. Mit einigen Kunstverkäufen mehr wäre der Transfer zu stemmen gewesen.« Aber auch so kostete der Verein mich mehrere Millionen, einige Kunstwerke und ein Haus in Oberkassel.

Wahrscheinlich war die Idee auch nur mal wieder ein Anflug von Größenwahn – auf unbekanntem Terrain. Klar konnte man es Kunst nennen, einen drogensüchtigen früheren Weltstar für eine Drittliga-Mannschaft auflaufen zu lassen. Aber es war halt doch etwas anderes, als eine Picasso-Ausstellung in einer Kleinstadt zur organisieren. Fußball war eben kein *Happening*.

Statt Maradona zu transferieren, schlug unser Geschäftsführer vor, als letztmöglichen Heilsbringer Aleksandar RistiĆ zum dritten Mal als Trainer zur Fortuna zu holen. RistiĆ war ein ausgewiesener Charismatiker und Fußballfachmann, der allerdings auch diabolische Züge trug. Ich fand ihn sympathisch und sagte zu.

Bei der Vorstellung sagte ich, dass wir mit Aleks entweder siegen oder ich danach mit ihm zusammen fliegen würde. Wir entwarfen den Slogan »Aleks wird gut.«

Aleks schaffte es dann, die Mannschaft binnen kürzester Zeit gegen sich aufzubringen. Er war charmant, konnte aber auch hart, zynisch und dickköpfig sein – für ein labiles Team nicht die günstigsten Eigenschaften.

Mit Aleks und mir trafen dazu zwei Sturköpfe mit großen Egos aufeinander: Er wollte so einige Spieler haben, die nur er für eine Verstärkung hielt. Ich erinnere mich, wie im Trainingslager im Taunus ein windiger Spielerberater mit einer Videokassette ankam, uns Spieler aus der 2. jugoslawischen Liga andrehen wollte und ich spontan einen Lachanfall bekam ... Allerdings hatte der Berater wohl nicht zu Unrecht eine Chance gewittert. Zum Teil ließ ich mir wirklich grottenschlechte Spieler andrehen! Und die Leute dachten wohl: »Der Achenbach, der hat Geld, da versuche ich es mal.« Als Präsident war ich noch keine halbe Stunde im Amt, da kam ein Spieler auf mich zu und fragte nach Bargeld. So ging es in der Folge öfter. (Nein, ich gab ihnen nichts.)

Es ist eine Erfahrung, die mich begleitete, solange ich Geld hatte: Immer war da eine Traube von Menschen, die mich vor allem als mögliche Finanzquelle betrachtete. Selbst im Gefängnis war das noch so: Dass ein Typ, der mit Kunst Millionen verdient hatte, pleiteging, sogar Millionen Schulden haben könnte, ging vielen nicht in den Kopf. Immerhin hat inzwischen jeder verstanden, dass bei mir nichts mehr zu holen ist – sogar der Gerichtsvollzieher. Obwohl ich bis heute regelmäßig Briefe von ihm erhalte, in denen er mich um die Überweisung sechs-, sieben- oder achtstelliger Summen zur Begleichung meiner Schulden auffordert. Ein Häftling grub mich noch nach meiner Freilassung ständig um Geld an. Er hatte einfach nicht kapiert, dass ein Typ, der einmal viele Millionen verdient hatte, blank und hoch verschuldet war.

Mit dem Heilsbringer RistiĆ stieg die Fortuna schließlich in die Regionalliga ab – ich flog ins Trainingslager nach Portugal, um ihn rauszuwerfen – und verabschiedete mich danach, wie öffentlich angekündigt, gleich mit.

Man sollte nur Sachen machen, von denen man was versteht – die Lehre habe ich aus dieser Zeit gezogen. Und innehalten, wenn einem jemand schmeichelt und säuselt: »Wir brauchen dich!«

Als Fußballpräsident braucht man Sachverstand, Geld, vor allem aber Gelassenheit, die Fähigkeit, zu vermitteln, ein gutes Netzwerk in der Branche – und viel Zeit. Die hatte ich nicht, schließlich hatte ich nebenher noch ein paar Unternehmen zu führen. Im Club hörte ich immer wieder den Spruch: »Geben Sie doch mal wieder eine Audienz, Herr Achenbach!« Es gab böses Blut, Intrigen, Spott, Hauen und Stechen – die Lust wurde irgendwann zur Last. Meine Liebe zur Fortuna hat leider in dieser Zeit nachhaltig gelitten.

Allerdings gab es auch schöne Momente: Wir haben Familientage ins Leben gerufen, mehr Wert auf die Jugendförderung gesetzt, sind mit 50 Vereinsmitgliedern inklusive Bürgermeister den New-York-Marathon gelaufen und schließlich war da diese wunderbare Kunstauktion im Dezember 2000. Andreas Gursky spendete sein großformatiges Foto Fortuna Düsseldorf, das er in unserem Stadion gemacht hatte, Günther Uecker, Jörg Immendorff, Imi Knoebel, Juan Muñoz, Stephan Balkenhol, Axel Hütte und einige andere bekannte Künstler stellten ebenfalls ein Werk für die Auktion zur Verfügung – am Ende kamen 1,4 Millionen Mark für die Vereinskasse zusammen.

Jetzt, im Sommer 2019, freue ich mich, wie toll sich die Fortuna in der 1. Liga etabliert hat. Der Verein wird professionell geführt, Trainer, Mannschaft und Präsidium arbeiten unaufgeregt zusammen und haben etwas erreicht, von dem ich nur geträumt habe.

23. COPACAPANA IN DÜSSELDORF

»Monkey's Island«: Der erste Beachclub Deutschlands

Düsseldorf, ab 2001. Wenn schon nicht Maradona, dann doch bitte ein bisschen Ibiza in Düsseldorf. Anfang des neuen Jahrtausends ergab sich die Gelegenheit, Ideen für eine Brachfläche im Hafenbecken südlich des Landtags zu entwickeln. Das »Dorint Hotel« war pleitegegangen, ein neues Hotel sollte irgendwann eröffnen. Ich schlug der Stadt vor, dort eine Strandlandschaft mit weißem Sand aufzuschütten, Liegestühle aufzustellen, Kunst zu zeigen, Konzerte und Theater zu veranstalten, Bistros und Cocktailbars zu eröffnen. Der Stadtdirektor war angetan, manchen Unkenrufen zum Trotz ließ man uns machen. 2002 erhielten wir den Zuschlag.

So entstand der erste Beachclub Deutschlands – »Monkey's Island«, nach dem Reinfall bei der Fortuna eines meiner schönsten und erfolgreichsten Düsseldorfer Projekte. Am Eingang stellten wir eine Skulptur von Jörg auf – ein saufender Affe lud die Menschen auf die Amüsiermeile ein. Und sie eilten in Scharen herbei: Bis zu 10 000 Menschen kamen an heißen Sommertagen. Für die Kinder gab es einen großen Spielplatz, für die Alten einen Biergarten und Cocktails – dazu Trance und Chill-out-Musik. Wir wären nicht in Düsseldorf gewesen, wäre »Monkey's Island« nicht innerhalb kürzester Zeit zum Laufsteg geworden, die Menschen zeigten, was sie hatten. Irgendwann mussten wir 2,50 Euro Eintritt nehmen, weil es einfach zu voll war. Drei Jahre lang war »Monkey's Island« ein rauschendes Fest. Mit einer Eisbahn im Winter verpulverte ich die

Gewinne aus dem Sommer, aber das war mir egal. Die Menschen liebten ihren Stadtstrand – bis Bürgermeister Jochen Erwin das Areal zum Höchstpreis an die »Hyatt«-Gruppe verkaufte und mir kündigte. Ich fand das spießig und falsch – ein Hotel statt eines Strands, der zu Düsseldorf passte wie die Kö. Einige Jahre nachdem mein Traumstrand in Düsseldorf schließen musste, kaufte ich in Köln ein Ausflugsschiff, um »Monkey's Island« dort noch einmal aufleben zu lassen.

24. DIE SAMMLUNG DER LETZTEN PERSISCHEN KAISERIN

Projekte, die Luftschlösser blieben

Von zehn Projektideen wird eine Wirklichkeit. Wenn es nicht um feste Aufträge ging, war das ungefähr das Verhältnis. 1989 fühlte ich mich unaufhaltsam und wollte ganz nach oben. Ich hatte die Sammlung des Bankers gekauft, dazu 21 wichtige Richter-Bilder, machte Einzelausstellungen mit Richter, Warhol und Cindy Sherman, das Wirtschaftsmagazin *Capital* druckte mich auf dem Titelblatt – zusammen mit dem amerikanischen Kunsthändler Leo Castelli kämpfte ich darauf um die Vormachtstellung auf dem Markt.

Fieberhaft suchte ich nach den nächsten *Scoops* – und hörte davon, dass die Sammlung von Farah Diba Pahlavi, Ehefrau des Schahs von Persien, zum Verkauf stand. Die Auktionshäuser Christie's und Sotheby's bemühten sich um die atemberaubende Sammlung moderner Kunst des 19. und 20. Jahrhunderts – das Geld, das ihr Mann mit Öl, dessen Preis er ständig erhöhte, verdiente, konnte die letzte persische Kaiserin gar nicht schnell genug ausgeben: Sie kaufte die seinerzeit größte Sammlung zeitgenössischer Kunst außerhalb der westlichen Welt zusammen und ließ dafür in Teheran ein gigantisches Museum bauen.

Als der Schah gestürzt wurde, wurden all die wunderbaren Gemälde von Picasso und Miró, Pollock, Warhol, Lichtenstein, Monet, van Gogh und Kandinsky weggeschlossen – den jetzt herrschenden islamischen Mullahs galten sie als Symbole westlicher Dekadenz. Die Sammlung war also zu haben – und tatsächlich schaffte es mein Team, über die Botschaft einen Kontakt herzustellen. Ich stellte mindestens 250 Millionen Dollar in Aussicht – die Bank, die mir auch den Kredit für die Sammlung des Düsseldorfer Bankers gegeben hatte, war bereit, mir das Geld zur Verfügung zu stellen. Ein halbes Jahr später wurden wir nach Teheran eingeladen – mit zwei Anwälten trank ich in Vorfreude Champagner und ließ mir den Kaviar schmecken.

In dunklen Limousinen wurden wir am Airport abgeholt und fuhren, wie Staatsgäste patroulliert von Sicherheitsfahrzeugen, zum ehemaligen »Hilton«. Wenig später standen wir in einer Halle voller Landschaftsgemälde aus dem 19. Jahrhundert. Pollock und Picasso waren nirgends zu sehen, stattdessen zahlreiche Porträts des geistigen Führers Ajatollah Chomeini, Blut und Boden. »Das ist nicht die Sammlung, die wir suchen«, sagte ich unseren Gastgebern. Irgendwann erschien ein jüngerer Mann mit fein geschnittenen Gesichtszügen, der sehr gut Deutsch sprach. Ich erklärte ihm unser Anliegen: Wir seien (was auch stimmte) im Auftrag von Roy Lichtenstein da, da wir eines seiner wichtigsten Bilder zurückkaufen sollten. »Im Übrigen interessiere ich mich für den Kauf der gesamten Sammlung der Farah Diba.« Der kunstsinnige Mann machte ein Gesicht, als habe er in eine Zitrone gebissen. Entschieden schüttelte er den Kopf und sagte freundlich, aber bestimmt: »Ich werde alles dafür tun, dass Sie die Sammlung niemals übernehmen werden. Ich hoffe, dass unser Land eines Tages so frei ist, dass es selbst stolz auf diesen Kulturschatz ist und die Bilder wieder zeigen wird.«

Der Kerl war so sympathisch und überzeugend, dass ich nicht lange versuchte, ihn zu überzeugen. Er hatte ja recht! Das Lichtenstein-Bild rückten sie irgendwann raus, ansonsten ist die Sammlung trotz zahlreicher internationaler Bemühungen – auch der derzeitige Bundespräsident Frank-Walter Steinmeier hatte sich zwischenzeitlich eingeschaltet – seit dem Sturz des Schahs nicht mehr zu sehen gewesen.

Weil wir geplant hatten, einen Tag später zu fliegen, buchten wir um und nahmen für den Rückweg die Holzklasse. Für Dorothee brachte ich Kaviar mit. Bevor wir mit dem Taxi vom Düsseldorfer Flughafen nach Hause fuhren, ließen wir uns noch an einem Etablissement absetzen, um uns von den Reisestrapazen zu erholen.

Solche gescheiterten Übernahmen gab es häufiger: Nah dran war ich am Kauf einer Sammlung eines wichtigen Museums in Hiroshima – in letzter Sekunde verhinderte die japanische Politik den Verkauf. Immer wieder gab es Angebote, die sich als unseriös erwiesen. Nachdem der Künstler seine eigene Sammlung ›repariert‹ hatte, war ich aufmerksamer geworden und ließ die Herkunft von Bildern sorgfältig prüfen – und informierte mich auch über den Lebenslauf von Verkäufern. Ich war zwar gierig nach Wachstum und Anerkennung – aber nicht um jeden Preis.

Manchmal ärgerte ich mich, manchmal ärgerten sich auch die Sammler: So zum Beispiel, als ich den Unternehmensgründer und Kunstmäzen Reinhold Würth traf und er mir stolz einen Picasso zeigte. Ich fand das Bild eher mittelmäßig und sagte ihm das auch – woraufhin er mich aufforderte, ihm bessere zu besorgen. Ich telefonierte und ließ acht Picasso-Bilder aus der ganzen Welt nach Düsseldorf einfliegen, um sie in meinem Lager zu präsentieren wie eine kleine Ausstellung. Würth kam, sah die Bilder und staunte; seine Tochter riet ihm, alle zu kaufen – 25 Millionen Mark hätten sie gekostet. Würth, schwäbisch sparsam, kaufte nur einen. Als ich ihn Jahre später wieder traf, fragte er, was die acht Picassos heute wert seien: »300 Millionen Euro«, sagte ich. »Sie waren ein schlechter Berater, mir damals nur eins verkauft zu haben«, sagte er grinsend.

25. EIN LEBENSTRAUM WIRD ZUM ALBTRAUM

Die Sammlung Rheingold

Düsseldorf, ab 2002. Eine eigene Sammlung zu besitzen, war immer mein Lebenstraum. Nicht, um Rendite zu machen, darum kann es bei einer Sammlung nicht gehen. Mit einem eigenen Konvolut entgeht man der Spirale des Marktes, sichert die Bestände für die Öffentlichkeit – und hat dabei natürlich im Hinterkopf, keine schlechte Kunst anzuhäufen, die im Wert verliert. Mit einer Sammlung kann man als Mäzen auftreten, wird nicht länger nur als Mensch des Geldes und der Deals wahrgenommen; auch das spielte eine Rolle. Vor allem aber bot sich die Möglichkeit, Menschen und Kunst zusammenzubringen. Da passte es perfekt, auch herausragende Kunst aus dem Rheinland zu sammeln. Viele der wichtigsten zeitgenössischen Künstler kamen aus Düsseldorf, Köln und vom Niederrhein, dazu etliche aus der zweiten Reihe, die es noch zu entdecken galt.

Um die Jahrtausendwende hatte ich mich aus dem Geschäft mit Konzernen weitgehend zurückgezogen und mich auf die Beratung von privaten Sammlern fokussiert. Eine eigene Sammlung, das war der nächste Schritt.

Die Idee zur Sammlung Rheingold mit Kunst aus dem Rheinland entstand allerdings erst, als ein anderer Deal kurz zuvor gescheitert war. Der Sammler Hans Grothe wollte seine Sammlung verkaufen – und bestellte mich für ein Treffen auf eine Autobahnraststätte am Breitscheider Kreuz. Grothe war Bauunternehmer und Immobilienhändler, seine mehr als 700 Werke umfassende Sammlung mit

Arbeiten von Baselitz, Kiefer, Polke, Gursky, Immendorff und vielen anderen hatte einen internationalen Ruf. Er habe keine Lust mehr zu sammeln, eröffnete mir der Unternehmer bei Maschinenkaffee auf einem Barhocker in der Raststätte. Er habe vor einigen Monaten eine Ausstellung im Berliner Gropius-Bau eröffnet – aber außer Markus Lüpertz sei dort keiner der Künstler aufgetaucht. Das finde er im höchsten Maße undankbar, er wolle mit der Szene nichts mehr zu tun haben.

»Für 70 Millionen kannst du meine Sammlung haben.« Ich nahm sein Angebot dankend an.

Nur zwei Wochen später rief ich Grothe an und sagte ihm, ich habe die 70 Millionen. Die Brüder Viehof, Walter Droege und seine Ehefrau Hedda im Brahm-Droege, Axel Haas und ich wollten kaufen. Als es an die Finalisierung ging, wurde Grothe plötzlich zögerlich. Er begann, den Preis in die Höhe zu treiben – von 90 Millionen war plötzlich die Rede – und präsentierte mir eine Liste von Glanzstücken von Werken, die er nicht verkaufen wollte, darunter wichtige Bilder von Richter, Polke und Baselitz. Auf so ein Geschacher hatte ich keine Lust. Wir stiegen aus. Aus heutiger Sicht sicher ein Fehler.

Grothe hat später einen Teil seiner Sammlung über Christie's verkauft, den anderen Teil an die Familie Ströer aus Essen. Lediglich den Anselm-Kiefer-Block und einige andere Spitzenbilder behielt er für sich.

Für meine Mitstreiter hatte ich ein hübsches Trostpflaster. Ich schlug ihnen vor, eine eigene Sammlung aufzubauen. Wir gründeten die Sammlung Rheingold GbR – in Zusammenarbeit mit den Museen der Region, zum künstlerischen Beirat gehörten vier Museumsdirektoren. Die Museumschefs bestimmten mit über die Ankäufe, wir legten fest, dass 20 Jahre lang kein Werk verkauft werden durfte – egal wie hoch sein Wert auch steigen würde.

Dem Vorwurf, auf schnelle Spekulationsgewinne aus zu sein, wollte ich mich nicht aussetzen – den Ruf, mit Kunst viel Geld zu verdienen, hatte ich schon, er machte mir auch nichts aus. Was wir aber wollten, war, die Kunstszene im Rheinland stärken, der Vereinzelung von Werkgruppen entgegenwirken und mit rheinischen Museen kooperieren. Ausstellungen, Kataloge und Transporte finanzieren. Museen, mit denen wir regelmäßig arbeiteten, Kunstwerke schenken. Und vor allem: Kunst ankaufen.

Mit Rheingold war ich glücklich. Ich wusste, dass ich etwas wirklich Sinnvolles tat, was nicht in erster Linie mir nutzte, sondern vor allem den Museen und den Künstlern. Zu oft waren Sammlungen in den Jahren zuvor zerschlagen und auf dem Kunstmarkt verkauft worden. Wir wollten einen Gegenpol bilden – und der Erosion des Marktes entgegenwirken. Dafür kauften wir ganze Werkgruppen von Künstlern. Später auch das Konvolut des Kölner Sammlers Reiner Speck, der verkaufen wollte, weil er Geld brauchte, um seine Marcel-Proust-Sammlung weiter auszubauen. Speck verfügt über eine der bedeutendsten Proust-Sammlungen der Welt.

Das zehnjährige Jubiläum der Sammlung feierten wir 2012 mit Präsentationen in fünf Museen, darunter der Düsseldorfer Kunsthalle und dem Kölner Museum Ludwig.

Leider hat Rheingold ein viel zu frühes Ende erlebt. Nach meiner Verhaftung wurde die Sammlung aufgelöst. Damit habe ich mir einen wichtigen Baustein meines Schaffens zerstört, eine große Sinninstanz.

26. DIE MAGIE DES SAMMELNS

Wie erfolgreiche Menschen ihrem Leben Sinn geben

Sammler sind wohlhabende Menschen auf Sinnsuche. Wahrscheinlich galt das auch für mich, als ich die Sammlung Rheingold kaufte. Der im Sommer 2019 verstorbene Frieder Burda, dem ich mit den Richter-Bildern half, den Grundstock für sein späteres Museum aufzubauen, war das Kind eines reichen Verlegers, ein unsicherer junger Mann, der nicht ins Verlagsgeschäft wollte – und irgendwann begann, Kunst zu sammeln. Das hat ihm öffentliche Anerkennung und eine tiefe Zufriedenheit gebracht, die er sonst wahrscheinlich nie erreicht hätte. *Die Kerze* von Richter, die vorher bei mir im Wohnzimmer hing, war übrigens später Burdas Lieblingsbild.

Friedrich Christian »Mick« Flick, Enkel des Konzerngründers und Kriegsverbrechers Friedrich Flick, sah im Kunstsammeln eine Möglichkeit, sich vom schweren Erbe seiner Familie zu lösen. Er hatte lange das Image eines Playboys, der es krachen ließ. Über die Kunst hat er sich zu einem seriösen Mäzen gewandelt. Flick habe ich 1989 unter anderem vier *Löwen*-Bilder von Richter verkauft, für ungefähr 1 Million Mark. 20 Jahre später wollte ein anderer Sammler die Werke erwerben und bot mir dafür 20 Millionen – Rendite spielte für Flick beim Sammeln aber keine Rolle mehr, die großartigen Richter-Bilder waren ihm für seine Sammlung zu wichtig. Er liebte sie.

Peter Ludwig war Industrieller – unsterblich wurde er nicht mit seiner Schokoladenfirma, sondern als Kunstmäzen und Museumsgründer – heute sind seine Sammlungen auf 19 Museen und fünf

Länder verteilt, weshalb er sich vor Ehrendoktorwürden und Medaillen irgendwann kaum noch retten konnte. Was wäre die Kunststadt Köln ohne Peter Ludwig? Was wäre Florenz ohne die Medici-Familie, die mehr Spuren hinterlassen hat in der Stadt als irgendjemand sonst?

»Das Sein bestimmt das Bewusstsein«, hat Marx gesagt. Ich habe bei vielen Sammlern erlebt, dass die Beschäftigung mit der Kunst sie zu anderen Menschen macht – im günstigsten Fall hat ihnen die Kunst neue Perspektiven aufs Leben eröffnet, sie selbst und viele andere Menschen glücklich gemacht. Schon wer Kunst in seiner Wohnung hat, oder eine Skulptur in seinem Garten, weiß, dass die Objekte irgendwann ein fester Bestandteil des eigenen Lebens sind. Kunst verleiht Häusern einen Charakter, eine Seele – man kommt nicht an ihnen vorbei, beschäftigt sich unbewusst täglich mit ihr. Ich habe Bilder, die ich gekauft habe, oft zuerst in mein eigenes Haus gehängt und abgewartet, wie sie auf mich wirken. Die *Kerzen*-Bilder von Richter haben mich in ihrer Schönheit tief berührt, Ueckers Nagelreliefs in ihrer Komplexität und Klarheit. Es war jedes Mal ein Einschnitt, diese Bilder zu verkaufen. Es ist der grundlegende Widerspruch in der Arbeit eines Kunsthändlers, emotionale Objekte zur Handelsware zu machen. Sammler haben da einen Vorteil.

Echte Sammler befriedigen nicht nur ihre Sehnsucht nach Anerkennung und Rendite, sie fördern durch Schenkungen und Dauerleihgaben aktiv die Kunst. Dadurch bilden sie einen Gegenpol zu reinen Renditejägern, denen es egal ist, was mit ihrer Beute später passiert – Hauptsache, sie steigt im Wert.

Zu den echten Sammlern gehören auch die französischen Giganten François Pinault und Bernard Jean Étienne Arnault. Ich habe Pinault 1988 ein Bild von Kurt Schwitters in sein Haus nach St. Tropez gebracht – 750 000 Mark hat er dafür bezahlt. Damals fing Pinault gerade an zu sammeln – weil er vermögend war und nicht nur Unternehmer sein wollte. Seit vielen Jahren gilt er als wichtigster Sammler der Welt.

Weil ihm allerdings inzwischen auch eins der wichtigsten Auktionshäuser gehört, nämlich Christie's, hat er eine Marktmacht inne, mit denen er Konkurrenten in Schach halten kann. Eigentlich müsste man solchen Machtkonzentrationen einen Riegel vorschieben. Andererseits zeigt Pinault seine Kunstschätze wie sein Konkurrent Arnault in Museen – Arnault besitzt eins in Paris, die Fondation Louis Vuitton, Pinault zwei in Venedig und bald ebenfalls eines in der französischen Hauptstadt. Sie sind Supermänner der Kunst, wahrscheinlich zu mächtig – aber nicht auf der falschen Seite.

Auf der dunklen Seite der Sammlermacht stehen die Oligarchen: Die arabischen Scheichs, die für viele Millionen die Namensrechte am Louvre erwerben, um in Abu Dhabi ein Museum mit dem Slogan »Ein neues Licht auf die Menschlichkeit« zu eröffnen und ein paar Meter weiter Menschen zu steinigen, weil sie homosexuell sind. Wenn der saudi-arabische Kronprinz für 450 Millionen Dollar ein Bild von Leonardo da Vinci kauft, um es – wie kolportiert wird – in seiner Luxusjacht aufzuhängen, ist das an Zynismus nicht zu überbieten. Über diese Leute sind allerdings auch nie würdigende Porträts oder Nachrufe erschienen. Sie haben sich mit dem Sammeln nicht unsterblich gemacht.

SCHÖNE BEGEGNUNGEN, VERHÄNGNISVOLLE GESCHÄFTE

27. AM LIEBSTEN SCHNITZEL UND ALDI-CHAMPAGNER

Wie ich Berthold und Babette Albrecht kennenlernte

Essen, Sommer 2007. Einem Phantom zu begegnen, zählt zu den eher raren Momenten im Leben. An diesem lauschigen Sommerabend war es so weit: In der bayerischen Stube der Villa eines befreundeten Wirtschaftsprüfers schüttelte ich zum ersten Mal einem Mann die Hand, von dem die Öffentlichkeit nur wusste, dass er 2500 Aldi-Filialen besitzt und einer der reichsten Menschen Deutschlands ist: Berthold Albrecht, Sohn des Firmengründers Theo Albrecht. Er trug Hemd und Pullover, wirkte melancholisch und bescheiden, fast scheu. Seine Frau Babette, die ein Designerkleid trug, neugierig, aufgeweckt, ein bisschen schrill.

Es wurde ein kurzweiliger, fast ausgelassener Abend. Das Phantom entpuppte sich als guter Zuhörer und durchaus nahbar. Berthold Albrecht wirkte zurückhaltend, in Sachen Kunst fast naiv, sehr sympathisch. Seine Frau hatte ein erfrischendes Temperament. Oft hörte man sie markant lachen. Es wirkte, als hätte sie die Hosen an, aber da mochte ich mich täuschen. Es ging mich natürlich auch nichts an.

Wir redeten viel über unsere Kinder, Babette und Berthold hatten Vierlinge, drei Mädels und einen Jungen, und eine weitere Tochter. Ich habe acht Kinder, die zwei mit meiner Frau Dorothee waren in einem ähnlichen Alter wie die Vierlinge. Babette redete deutlich mehr als Berthold. Wenn ich über Kunst sprach, schien sie mir fast interessierter als er. Natürlich war ich nicht im Beratermodus, erzählte aber trotzdem von meinem Leben in der Kunstszene, meinen Restaurants, den Reisen um die Welt, Bekanntschaften mit Künstlern und Unternehmern.

Als ich von Begegnungen mit Andy Warhol, Jörg Immendorff und Gerhard Richter erzählte, hellte sich Berthold Albrechts Blick auf. Nicht die Werke schienen ihn zu interessieren, eher die Welt, in der diese Menschen sich bewegen.

Die Albrechts gehörten nicht zu den Superreichen, die ihr Geld in Kunst anlegten, weil der Wert der Werke der bedeutendsten Künstler zuverlässiger stieg als viele Aktien. Und man sich mit den Bildern nebenbei auch Kultur zu erkaufen glaubte. Es war fast amüsant, wie fremd meine Welt für sie war – dabei verkehrten wir doch eigentlich in den gleichen Kreisen! Oder waren Berthold Albrecht diese Kreise gar nicht so vertraut, weil er so zurückgezogen lebte?

Wahrscheinlich lag es an der Legende der bescheidenen Krämerfamilie, für die der Aldi-Clan stand. Geld durfte nicht gezeigt werden, pompöse Auftritte waren tabu. Oder es lag an der Entführung von Theo Albrecht sen. im Jahr 1971, der erst nach 17 Tagen und hohen Lösegeldzahlungen freikam. Öffentlichkeit war spätestens seitdem für die Albrechts tabu.

Keine künftigen Kunden also, aber wirklich nett.

»Mein Mann war ganz aufgeschlossen von Herrn Achenbach«, sagte Babette Albrecht später vor Gericht in ihrer eigenen Diktion zu unserem ersten Treffen, wie das *Manager Magazin* zitierte. »An diesem Abend blühte mein Mann auf«, sagte sie dem *Spiegel* zufolge. Ich fand die Albrechts auch sehr sympathisch. Ihn in seiner Zurückhaltung, sie mit ihrem Temperament und dem Herz auf der Zunge.

Gegen Mitternacht verabschiedeten Dorothee und ich uns und fuhren nach Hause. Die Albrechts ließ ich in unseren Verteiler interessanter Menschen aufnehmen und lud sie ab sofort zu Ausstellungen und Dinner-Veranstaltungen in meinen »Monkey's«-Restaurants ein. Ich verschwendete keinen Gedanken daran, ihnen

Kunst zu verkaufen – aber ihr Name hatte eine Wirkung, die in mein Portfolio passte und natürlich meinem Ego schmeichelte.

Der befreundete Gastgeber erzählte mir einige Tage später, dass Berthold mich vitalisierend und charmant fand – und gern bald wiedersehen würde. »Er betonte auch, dass er nie im Leben Kunst bei dir kaufen würde«, sagte der Freund. »Ist doch klar: Die Geschichte vom kleinbürgerlichen Discounter, der jeden Cent umdreht, passt nicht zusammen mit Kunstkauf in großem Stil«, erwiderte ich.

Meine drei Düsseldorfer Lokale am Graf-Adolf-Platz kannten die Albrechts vor unserem Kennenlernen schon aus den Medien. Tom Cruise, Demi Moore, das Model Naomi Campbell, der Modeschöpfer Valentino, Fußballnationalspieler, Politiker wie Gerhard Schröder und die Stars der internationalen Kunstszene waren in den Lokalen zu Gast. Weil ich ständig Dinners gab und großzügig alle einlud, aber kein echtes Controlling hatte, lief das Geschäft aus dem Ruder. Ich machte mit den Restaurants 10 Millionen Euro Verlust.

Nach dem netten Abendessen in Bredeney kamen Berthold und Babette regelmäßig samstags ins Sternerestaurant »Monkey's West« zum Mittagessen. Berthold mochte am liebsten Schnitzel oder Zürcher Geschnetzeltes, seine Frau bevorzugte es exquisiter. Dazu gern ein Fläschchen Weißwein.

Nach dem Essen zog Babette oft los, um auf der Kö zu shoppen, während Berthold sich Richtung Bredeney aufmachte, um zu Hause seinen Mittagsschlaf zu machen. Nach und nach kamen wir uns näher. Ich verkörperte wohl etwas, was in seiner Welt fehlte. Scherte mich weder beim Reden noch bei der Klamottenwahl um die Etikette. Lockerheit und Leichtigkeit waren mir so wichtig wie Verbindlichkeit, geschäftlich wie privat. Ich habe mir etwas Antibürgerliches, Kindliches bewahrt, das in krassem Kontrast zu ihm und seiner Familie stand.

Berthold vermittelte mir ein Gefühl von Zurückhaltung und Stil, was ich anziehend fand. Ich mochte seine Diskretion und seine

Neugier – dieser etwas traurig wirkende Mann stellte tatsächlich viele Fragen. Es war ihm fremd, von seiner Macht zu sprechen. Er protzte nicht, nie. Natürlich nicht, er war einer der reichsten Menschen der Welt! Sein Auftreten beeindruckte mich. Und sein Geld? Wahrscheinlich auch, obwohl ich es gewohnt war, unter Reichen und Superreichen zu verkehren. Aldi, das ist ein gewaltiger Mythos aus Diskretion, Sparsamkeit, deutschem Bürgertum, Erfolg durch stete Arbeit und Disziplin. Ein Stück urdeutsche Geschichte. Und jetzt stand mir dieser Mythos, dieses Phantom, fast jede Woche gegenüber und öffnete sich, erzählte mir irgendwann Dinge, die er sonst niemandem erzählte!

Vielleicht lässt sich die gegenseitige Sympathie auch damit begründen, dass wir beide aus kleinen Verhältnissen kommen – und es von dort steil bergauf ging. Karl und Theo Albrecht übernahmen 1946 einen Lebensmittelladen ihrer Mutter und machten aus dem Geschäft eine internationale Discounterkette. Theos Söhne Berthold und Theo jun. herrschten über ein Imperium, wussten aber immer, wo sie herkommen.

Ich bin in kleinbürgerlichen Verhältnissen in einem Kaff bei Siegen groß geworden, erst mal auf die Realschule gegangen, habe ein Jahr als studentischer Praktikant im Knast gejobbt, mit 21 eine kleine Galerie aufgemacht und bin zu einem der erfolgreichsten internationalen Kunsthändler aufgestiegen. Davor hatte Berthold Respekt, so wie ich vor seiner Familiengeschichte.

Übelmeinende behaupten, ich hätte die Albrechts in der Folge angefüttert wie Karpfen. Ich nannte es Pflege einer Freundschaft, die mir vielleicht auch geschäftlich irgendwann einmal nützlich sein könnte. So lud ich Berthold und Babette zu Black Dinners ein, für die meine Köche in ganz Deutschland in Zusammenarbeit mit Katjes Fünf-Gänge-Menüs auf Lakritzbasis kredenzten.

Klar habe ich ihnen Zucker gegeben. Hätte ich das alles auf eine *Compliance*-Liste schreiben sollen? Sie kamen doch gern und fühlten sich wohl. Von Geschäften war anfangs nie, wirklich nie die

Rede. Vor allem Berthold lebte auf. Den melancholischen Schleier vom ersten Abend trug er nur noch selten.

28. MEIN GRÖSSTER FEHLER

Geduckt vor Macht und Kapital: Betrug an einem Freund

Jüchen/Essen Mai, 2008. Im Mai 2008 wurde die erste Ausstellung der Sammlung Rheingold, die ich mit einigen reichen Sammlern gekauft hatte, auf Schloss Dyck eröffnet, *Paradies und zurück* hieß sie, ein passender Name – auch für das, was dann passierte.

Babette und Berthold waren wie immer pünktlich. Wir waren längst per Du. Irgendwann nahm Berthold mich am Rande der Vernissage zur Seite und fragte, ob wir fünf Minuten rausgehen könnten. Ich schluffte ein bisschen unwillig mit, als Gastgeber der ersten Rheingold-Ausstellung war ich umschwirrt von Menschen.

Berthold steckte sich eine Zigarette an, bevor er zur Sache kam. Im November bekomme er einen höheren zweistelligen Millionenbetrag frei, den würde er gern in Kunst investieren, sagte er unvermittelt. Eher hätte ich damit gerechnet, dass er verkündet, er werde aufhören zu rauchen oder Wein zu trinken, als solch eine Bemerkung – obwohl sein Interesse an Kunst seit unserem ersten Treffen merklich gestiegen war. »Wunderbar, toll, das freut mich«, sagte ich, »ich werde dir einen Katalog zusammenstellen.« Das Gespräch dauerte zwei Zigarettenlängen.

B-to-B-Collection, Meisterwerke des 20. und 21. Jahrhunderts hieß das Buch, in dem eigens für Berthold Werke der bedeutendsten zeitgenössischen Künstler zusammengefasst waren, von Pablo Picasso bis Gerhard Richter, Mark Rothko bis Claude Monet, Roy Lichtenstein, Tony Cragg und Andy Warhol bis zu Ernst Ludwig Kirchner.

Ausschließlich Bluechips, etablierte Meisterwerke, die an Wert auch dann nicht verlieren, wenn der Markt ins Schlingern gerät. Das hatte Berthold mit seiner Frau Babette zuvor abgesprochen: Sie hatte insistiert, dass sich die Rendite lohnen müsse, »wenn wir die Dinger schon kaufen«, wie sie später vor Gericht laut *Süddeutscher Zeitung* vom 20. Januar 2015 zufolge bekräftigte. Interessant sei die Kunst erst geworden, weil die klassischen Zinsen zu niedrig seien. »'Ne Aktie ist 'ne Aktie, Bilder kann man sich wenigstens anschauen«, wurde sie in dem gleichen Artikel zitiert.

Als Berthold den Katalog durchblätterte, zeigte er sich unbeeindruckt, aber einverstanden: »Da sind schöne Sachen dabei, machen wir so, Helge«. So etwas in der Art sagte er. Darauf ein Handschlag und ein Gläschen Champagner.

Die Aussicht war wunderbar – auch wenn ich mir ein kleines bisschen mehr Begeisterung erhofft hätte angesichts der Auswahl an Bildern, von denen 99 Prozent der Sammler ihr Leben lang nur träumen.

Dann war erst mal Funkstille. Berthold meldete sich nicht, kam auch eine Zeit lang nicht mehr ins »Monkey's«. Wollte er etwa doch nicht?

Sechs Monate später – und damit doch fast auf den Tag genau wie anvisiert – leuchtete wieder sein Name auf meinem Handydisplay. »Die 60 Millionen sind frei, wir können loslegen.«

An einem trüben Novembertag fuhr ich ins Villenviertel von Essen-Bredeney, um mit Berthold Details seiner Investition zu besprechen. Die Parklandschaft vor der Villa war dominiert von alten Eichen und Buchen, die in hübschem Kontrast zum akkurat geschnittenen, leuchtend grünen Rasen standen. Der Weg zum Haupthaus war von Rhododendronbüschen gesäumt. Bedeutungsschwer wirkte auch das Innere der Villa: Holzvertäfelte Wände, schwere deutsche Eiche, Perserteppiche, an den Wänden ein paar Stiche unbekannter Künstler. Gediegen, wie in einem edlen Alpenhotel.

Zum Essen servierte Babette ausschließlich Speisen, die auch bei Aldi verkauft werden, von den Würstchen bis zum Kräuterkäse und

Champagner. Für Berthold eine Selbstverständlichkeit, es gehörte für ihn zur Firmenphilosophie: »Ich bin überzeugt davon, dass wir qualitativ hochwertige Produkte verkaufen, deswegen essen wir sie auch selbst«, war sein Credo. »Dazu sind sie auch noch preiswert.« Einleuchtend. Den Champagner des Discounters könnte ich nicht von einem für 40 oder 80 Euro unterscheiden. Aber ich bin auch kein Champagnerkenner.

Nach dem Essen redeten wir über Bertholds Investition, Babette hatte sich zurückgezogen. Zuerst erklärte ich Berthold meine Wertsicherungsklausel, die alle Kunden erhielten: Ich nahm jedes Kunstwerk jederzeit zurück, mit garantierten Zinsen nach einigen Jahren. Berthold nickte, als wäre das nichts. Schriftlich fixierten wir das nicht, was sich später bei der Gerichtsverhandlung als großer Fehler herausstellen sollte, da mir das Gericht keinen Glauben schenkte. Für mich waren mündlich zugesicherte Rücknahmegarantien die Regel, sie waren im Markt auch durchaus üblich – und ich dafür bekannt.

Sodann kamen wir zu den Konditionen. Er bot mir 5 Prozent Händlerprovision für jedes gekaufte Bild. »Mehr«, sagte er, »bekommen auch meine Lieferanten nicht.«

Wow, was für ein Satz! Ich war so perplex über den Vergleich und die Trockenheit des Vortrags, dass ich erst mal einen Schluck trinken musste und eine Weile schwieg. Als wollte ich ihm die Gelegenheit geben, laut zu lachen und den Spaß zuzugeben. Er lachte aber nicht. Stattdessen nickte ich irgendwann und sagte vermutlich wie im Reflex so etwas wie: »Gut, einverstanden, machen wir.« Wir besiegelten das Geschäft per Handschlag.

5 Prozent, das ist im Kunsthandel tatsächlich ein schlechter Witz: 1,6 bis 1,8 Prozent zahlt der Händler allein für die Verwertungsgesellschaft Bild-Kunst, dazu kommen Versicherungs-, Reise- und Transportkosten – die eigene Arbeit, den Preis in Verkaufsgesprächen zu drücken, ist da noch gar nicht berücksichtigt. 5 Prozent sind kaum kostendeckend. 5 Prozent sind naiv oder – wenn man sich

auskennt – respektlos. Jeder Galerist und jeder Kunstberater, der etwas auf sich hält, würden über 5 Prozent nur höflich lächeln.

Gewinnspannen von 10 bis 50 Prozent sind im Kunsthandel die Regel, manchmal sind es sogar mehr. Trotzdem ging ich ohne zu verhandeln, wie paralysiert, auf Bertholds Angebot ein.

Ich machte es wohl, weil das Volumen seiner Investition enorm hoch war und ich ihn allzu gern als Kunden haben wollte. Da war der eitle Helge im Spiel: Wie viele Freunde und Geschäftspartner hatten mich in den vergangenen Monaten auf Albrecht angesprochen! Wie viele hatten mir nicht geglaubt, dass ich ihm nicht doch eines Tages Kunst verkaufen werde, und heimlich darauf gewettet! Wie geschmeichelt hatte mir Bertholds Ankündigung, 60 Millionen investieren zu wollen!

Im Nachhinein war die Einigung auf die 5-Prozent-Provision der größte geschäftliche Fehler meines Lebens: Ich bin vor Bertholds Reichtum innerlich eingeknickt, war feige. Ein Typ, der ich nie sein wollte.

Ich stehe dazu, dass ich oft hoch, manchmal zu hoch gepokert habe. Ich habe auch in einem anderen Fall betrogen, weil mich der Geiz, der Zynismus und die Tölpelhaftigkeit einer Erbenfamilie angewidert haben.

Das erste Bild, das Berthold haben wollte, war *London, Tower Bridge II* des österreichischen Expressionisten Oskar Kokoschka. Zwei Töchter von Babette und Berthold studierten in London, Berthold selbst hatte seit seiner Jugend ein Faible für Kokoschka. Dass das Bild auf dem Cover des Katalogs der Kokoschka-Ausstellung in der Albertina zu sehen war, schmeichelte Berthold außerdem.

Den Galeristen in London, den ich seit Jahrzehnten kannte, konnte ich von 1,3 Millionen auf 800 000 Dollar drücken, eine harte, langwierige Verhandlung. Irgendwann rechnete ich dann nach: 840 000 Dollar würde ich von Berthold bekommen. 40 000 Dollar, dafür, dass ich das Bild um 350 000 Dollar im Preis gedrückt hatte? Das konnte doch nicht wahr sein! Mit dieser Honorierung fühlte ich mich gering geschätzt und abgespeist. Was also tun? Ich konnte nicht widerstehen, eine gefühlte Gerechtigkeit herzustellen. Überklebte den Betrag, machte aus der 800 000 eine 950 000, ersetzte das Dollarzeichen durch ein Eurozeichen, kopierte die Rechnung, fertig. Zugegeben, ich tat es stümperhaft. In der Originalrechnung war der Betrag fett gedruckt, in meiner bearbeiteten nicht – wenn man die Blätter nebeneinanderlegte, sah ein Blinder, dass sie nicht übereinstimmten.

»Collage« habe ich die Rechnung genannt, das ist juristisch sogar der korrekte Begriff. Ich handelte nach dem Prinzip: Jeder Mensch ist ein Künstler! Und dachte: »So stimmt der Preis!« Das Schuldbewusstsein kam erst später. Die Büchse der Pandora war jetzt geöffnet.

29. EIN SCHEUER MILLIARDÄR LEBT AUF

Eindrücke aus Reisen mit den Albrechts

Miami, Basel, Venedig, Kalifornien, Wolfsburg, ab 2009. Nach Kokoschka ging es Schlag auf Schlag. Die Albrecht-Villa in Bredeney füllte sich mit Bildern: Kirchner, Picasso, Kiefer, Rauch, Murakami, natürlich auch Richter. »Wenn wir schon Kunst kaufen, dann wäre es schön, wenn auch ein Richter dabei ist«, sagte Babette laut *Süddeutsche Zeitung* vom 20. Januar 2015 später vor Gericht.

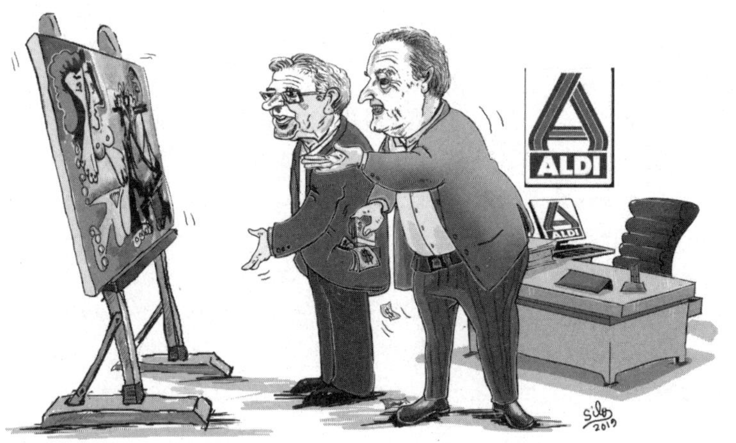

Sah ich genauso. Wenn auch vielleicht ein bisschen anders.

Die *Hitlerfresse* hängte ich an den Eingang zum Schlafzimmer, dort komme sie gut zum Tragen, meinte Berthold. *Hitlerfresse* heißt eines der begehrtesten Fotos des Dadaisten und Modefotografen Erwin Blumenfeld. *Zwei Akte im Walde* und *Mutter und Sohn* von Kirchner fanden ihren Platz im Eingangsbereich, Picassos *La Famille du Jardinier* hängte ich über die Couch im Wohnzimmer, Gerhard Richters *Maria* kam in den Flur, Richters *Tisch* landete im Gästehaus. Die Villa verwandelte sich in ein beachtliches Kunstmuseum.

Zwischendurch gingen wir zusammen auf Reisen. Art Basel, Art Miami, Biennale in Venedig, Oldtimershows in Pebble Beach, Kalifornien, am Comer See und auf Schloss Bensberg.

Im Frühjahr 2009 trafen wir uns in Wolfsburg. Der Kommunikationschef hatte mich fragt, wie sich ein Kulturevent bei VW gestalten ließe. Meine Idee: VW erwirbt mehrere Arbeiten von Andreas Gursky, einem der wichtigsten zeitgenössischen Fotografen der Welt, und schenkt sie dem Museum Wolfsburg. Gursky war seit vielen Jahren ein enger Freund, ich hatte seinen Aufstieg kontinuierlich begleitet, seine Bilder und Ausstellungen gefördert, keine Ahnung, wie oft wir zusammen in Düsseldorf unterwegs gewesen waren.

Dem Konzern gefiel die Idee. Also realisierte ich sie. Ideen und Projekte sind dazu da, umgesetzt zu werden, sonst guckt man irgendwann zurück auf ein Leben von verpassten Chancen. Wenn ein Projekt entworfen ist, ab zum nächsten. Am liebsten mehrere Projekte parallel. Nicht nach hinten gucken, weiter. Machen. Machen. Machen. Ohne alles zu hinterfragen. Wenn es nicht klappt, auf zur nächsten Idee. Das war mein Prinzip. Und ist es bis heute geblieben, wenn auch auf viel kleinerer Flamme. Und dem Unterschied, dass ich heute jedes Detail hinterfrage: Läuft alles korrekt? Bin ich integer?

Im Wolfsburger Museum sorgten meine Sterneköche vom »Monkey's« für die Gaumenfreuden der erlesenen Gäste. Sammler aus aller Welt waren meiner Einladung gefolgt, viele hörten zum ersten Mal in ihrem Leben von der Autoweltstadt Wolfsburg. Veronika Ferres zeigte sich an der Seite von Carsten Maschmeyer, der einen 80er-Jahre Schnäuzer wie Tom Selleck in der Serie *Magnum* trug und sichtlich stolz mit seiner neuen Freundin posierte. Fußballtrainer Felix Magath, der in dem Jahr Deutscher Meister wurde, ließ sich neben den VW-Bossen und Startrompeter Till Brönner ablichten, der während des Dinners mit Babette plauderte, die sich prächtig amüsierte. Berthold interessierte sich vor allem für das Automuseum mit seinen außergewöhnlichen Oldtimern.

Irgendwann nahm mich ein VW-Manager zur Seite. »Unser Chef möchte Sie mal sprechen, Herr Achenbach.« Martin Winterkorn – Spitzname »Wiko« – kam sofort zur Sache. Er habe gehört, dass Aldi plane, einige Hundert Fahrzeuge für die Führungskräfte des Konzerns von Daimler zu kaufen. Ein lukrativer und imageträchtiger Auftrag, den VW natürlich auch gern hätte. Ob ich ein spontanes Gespräch mit Albrecht organisieren könne. Klar, natürlich, warum nicht? Ich redete mit Berthold, wenig später zogen Albrecht und Winterkorn sich zurück.

Am nächsten Morgen erfuhr ich, dass das Gespräch Früchte getragen hatte. Winterkorn bedankte sich noch mal für die Vermittlung. Er habe ein paar Hundert Autos von VW gekauft, sagte mir Berthold beiläufig, als ich ihn irgendwann darauf ansprach.

Ein Kontakt, ein Gespräch, ein Deal. Wie oft habe ich Vorstandsvorsitzende oder Topmanager erlebt, die im Handstreich über Millionenaufträge entscheiden. Für normale Arbeitnehmer muss sich das abgehoben anhören. Aber es ist Realität. Die Albrechts setzten sich am nächsten Tag beschwingt in ihren Bentley, um zurück ins Rheinland zu fahren.

Im Dezember 2009 stand die Weltpremiere des Audi A8 in Miami an. Passenderweise während der Art Miami, dem teuersten und glamourösesten Kunstspektakel des Jahres: Champagnerpartys an riesigen Poollandschaften, Learjets aus Russland und China, Galeristen mit dauererigierter Zunge, die wichtigsten Werke sind vorher verkauft, für mittelmäßige Bilder werden hohe Preise aufgerufen – Galeristen nutzen die Messe auch, um Nachwuchskünstler und vermeintlich bislang verkannte Genies auf den Markt zu pumpen. Nirgendwo ist die Dichte an einflussreichen Sammlern und Prominenten höher als auf der Art Miami.

Ein perfektes Ambiente also auch für Audis neue Edelkarosse. Den künstlerischen Teil der A8-Präsentation durfte ich beisteuern. Die Kunden sind in etwa die gleichen wie die Kunstsammler, der Markt jeweils grundsolide und stabil. Audi-Chef war seinerzeit übrigens Rupert Stadler, Ironie des Schicksals, sitzt er doch in Untersuchungshaft, während ich diese Zeilen schreibe.

Zum Slogan »The Art of Progress« zeigten wir am Rande der Premiere herausragende Bilder aus der Sammlung Rubell – die Familie verfügte über eine der wichtigsten US-Sammlungen zeitgenössischer Kunst, ich kannte sie seit vielen Jahren gut. Stadler stellte den A8 dann als »Juwel, Schönheit und Skulptur« vor. Er wusste, wie man Blech mit Bedeutung auflädt.

Berthold und Babette hatte ich mitgenommen zur Messe. Wir wohnten im »W Hotel«, ich zeigte ihnen die Messe, einige Ausstellungen, stellte ihnen Sammler und Galeristen vor. Einer von ihnen war Robert Mnuchin, ein kleiner, freundlicher Herr Ende 70, der Vater des heutigen US-Finanzministers Steven Mnuchin unter Donald Trump. Als ich Robert, dem ich früher mal einen Jackson Pollock verkauft hatte, erzählte, wen ich in Miami im Schlepptau habe, wollte er Berthold kennenlernen und ihm ein Bild von Mark Rothko verkaufen.

»Warum nicht, klar kann er mir das mal zeigen«, sagte Berthold. Am Morgen, als Berthold im Frühstückssaal des »W Hotels« eine Flasche Champagner orderte. Mnuchin erzählte von dem Bild, seiner Relevanz und Provenienz, seinem Leben. Dass er zum Beispiel einmal Vice President von Goldman Sachs, dann Sammler, später Händler war.

Berthold hörte interessiert zu und orderte die nächste Flasche Champagner. Mnuchin war zu höflich, um abzulehnen. Immerhin wollte er ein Bild für 60 Millionen Dollar verkaufen.

Irgendwann wurde Mnuchin nervös. Der alte Herr musste zur Messe. Aber wie um Himmels willen sollte das funktionieren? Seine Zunge war etwas schwerer geworden. Als er aufstand, war zu sehen, dass er jetzt originalgetreu den Diener im *Dinner-for-One*-Sketch hätte spielen können, Sie wissen schon, beim letzten Stolpern übers Tigerfell. Den Ausgang des Hotels traf er nur mit viel Mühe. Als wir später auf die Messe kamen, fanden wir Mnuchin schlafend auf der Couch seines Standes – samt seiner aufgelösten Gattin, die fragte, was in Gottes Namen wir mit ihrem Mann gemacht hätten. An einem der wichtigsten Verkaufstage des Jahres! Ebendieser Robert Mnuchin kaufte im Frühjahr 2019 einen Stahlhasen von Jeff Koons, der aussieht wie eine gesichtslose Comicfigur, für 91 Millionen Dollar – Weltrekord für die Skulptur eines lebenden Künstlers.

Berthold kaufte den Rothko dann nicht – er wolle und könne nicht mehr als 10 Millionen für ein Bild ausgeben, sagte er. Heute ist das Bild sicher 100 Millionen Dollar mehr wert, aber darum ging es ja nicht. Mehr als 10 Millionen für ein Bild, das hätte Berthold unanständig gefunden.

Die Villa in Bredeney füllte sich trotzdem mit Kunst, die jeden Museumsdirektor mit Ehrfurcht erfüllt: drei Richters, zwei Picassos, zwei Lichtensteins, vier Kirchners. Dazu Anselm Kiefer, Neo Rauch, Kokoschka, Skulpturen von Juan Muñoz, Francis Picabia und Tony Cragg, eine Reihe wertvoller klassischer Fotografien.

Bertholds Geschmack war eher konservativ. Er mochte die Expressionisten, Ernst Ludwig Kirchner hatte es ihm angetan, auch Picasso. Babette bevorzugte zeitgenössische Kunst, sie liebte schrille Töne, bis ins Pink; gern hätte sie mal einen Koons gekauft.

Zu Picassos Gruppenporträt *La Famille du Jardinier*, von dem ich eine Kopie auf Leinwand drucken ließ, weil das Bild einige Monate für eine Ausstellung in die Albertina nach Wien gehen sollte, sagte Babette anfangs, dass da ja nur drei Mädchen zu sehen seien, »eins zu wenig!«, denn sie hatte ja vier Töchter! (*Bunte*, 25. April 2016) Sie berichtete davon später auch sehr anschaulich vor Gericht, sehr zur Freude der Reporter, die ihre Zitate genüsslich aufgriffen.

Es dauerte also bei dem Picasso-Bild dann etwas länger, bis Berthold und Babette sich trotz des fehlenden Mädchens zum Kauf entschieden. Berthold sagte zu der Kopie des Picassos, die ich wie das Original eigenhändig über der Couch aufhängte, eigentlich brauche er das echte Bild ja gar nicht mehr. »Die Kopie sieht doch aus wie echt.« Ich könne das Original wiederverkaufen!

Gekauft hatte ich *La Famille du Jardinier* für sehr günstige 5 Millionen Dollar – eine reiche Amerikanerin musste dringend verkaufen, sie hatte ihr Vermögen mit der Lehman-Brothers-Pleite verloren. Der Marktwert des Gemäldes betrug damals bereits 10 Millionen Dollar. Die vereinbarte *Handling-Fee* von 5 Prozent lag mir wie beim Kokoschka-Bild schwer im Magen – erneut verwandelte ich den Dollarpreis in Euro – und fügte noch 500 000 Euro hinzu. Rechnung kopiert, an Berthold gefaxt, fertig.

Bei sechs Verkäufen veränderte ich Kopien der Originalrechnungen – neben dem Picasso und dem Kokoschka collagierte ich die Rechnung für das Ölgemälde *Villica Caja* von Francis Picabia (3,5 Millionen statt 3,3 Millionen Euro im Original), jene für *Yume Lion* von Takashi Murakami (1,17 Millionen Euro statt 895 000 Euro), die Rechnung für die Bronzeskulptur *Thinker on a Rock* von Barry Flanagan (1,29 Millionen statt 1,04 Millionen Euro) sowie die für das Bild *Ballade* von Albert Oehlen (220 000 statt 187 000 Euro).

Mein schlechtes Gewissen versuchte ich zu beruhigen, indem ich den Privatjet nach Basel spendierte, wo Berthold das Bild auf der Messe begutachtete. Abends lud ich ihn dann noch in ein Sternerestaurant ein.

Babette, die die Rendite bei den Kunstkäufen ihres Mannes nie aus dem Blick verlor, kann sich im Nachhinein hoffentlich ein wenig mit der Wertsteigerung trösten: Der Picasso ist heute deutlich mehr wert. Die drei Richter-Bilder kosten heute ein Vielfaches.

Als an den Wänden der Albrecht-Villa und des Gästehauses die Kunst derart wucherte, dass der Platz knapp wurde, schlug ich Berthold und Babette neben Skulpturen, die sie gern für ihren parkähnlichen Garten haben wollten, auch eine Kooperation mit dem Essener Folkwang-Museum vor: In einem Berthold-und-Babette-Albrecht-Saal, so die Idee, könnten Spitzennachwuchskünstler ihre Bilder zeigen, die Albrechts würden jeweils ein Werk der Künstler dem Museum schenken. Das Museum fand die Idee wunderbar, die Stadt Essen frohlockte. Leider war das, was für viele wichtige Sammler selbstverständlich ist – Museen Bilder zu überlassen – für Berthold und Babette Albrecht nicht vorstellbar. Eine solche Ausstellung hätte ihnen wohl auch Ärger mit dem Rest der Familie beschert. Viel zu viel Öffentlichkeit!

Die Idee eines unterirdischen Museums für Kunst und Oldtimer auf dem Privatgelände fiel meiner Inhaftierung zum Opfer – Ben van Berkel und David Chipperfield hatten bereits Pläne skizziert, Berthold war begeistert.

Die verhasste Öffentlichkeit gab es ein paar Jahre später während der Prozesse zur Genüge. Da wurde kaum ein Detail aus dem Privatleben von Berthold und Babette ausgelassen – sehr zum Leidwesen des alten Familienoberhaupts Cäcilie Albrecht und Bertholds Bruder Theo jun. Ein Generalbevollmächtigter der Familie besuchte mich später sogar im Knast und entschuldigte sich bei mir dafür, dass Babette mich vor Gericht gebracht hatte.

Sie hätten sich gewünscht, dass wir die Geschichte abseits der Öffentlichkeit klären. Der Bevollmächtigte besuchte mich allerdings auch aus strategischen Gründen: Babette war nach der Klageorgie gegen mich und meine Familie auf den Geschmack gekommen: Sie klagte inzwischen auch gegen Cäcilie und Theo jun. Es ging um die Stimmrechte an der Jakobus-Stiftung, die 19,5 Prozent der Rechte an Aldi Nord hielt. Also um viele Millionen. Berthold hatte im Jahr 2010 eine Satzungsänderung unterschrieben, die den Einfluss der Familie einschränkte. Babette argumentierte nach dem Ableben ihres Mannes, Berthold sei zu dieser Zeit nicht mehr geschäftsfähig gewesen.

In einer Stellungnahme fürs Gericht, das seinerzeit die *Bild am Sonntag* zitierte, sagte sie, als es um die Macht im Aldi-Imperium ging, dass Berthold Alkoholiker gewesen sei: »Todesursache war ein durch Alkoholkrankheit hervorgerufenes multiples Organversagen.« Und weiter, Zitat aus der *Welt* vom 20. November 2016: »Mein Mann, der krankheitsbedingt nachts kaum schlafen konnte, hatte die Angewohnheit, nachts aufgrund seiner Alkoholkrankheit eine hohe Dosis von Alkohol und Beruhigungsmitteln zu sich zu nehmen. (...) Er dürfte aufgrund seines Zustandes keineswegs in der Lage gewesen sein, die Tragweite und die Bedeutung seiner Unterschrift unter dem Satzungsänderungsdokument zu erkennen.«

So viel zur viel beschworenen Verschwiegenheit.

Ich sagte dem Albrecht-Abgesandten im Gefängnis, aus meiner Sicht sei Berthold 2010 sehr wohl geschäftsfähig gewesen: Immerhin hatte er bei mir reichlich Kunst gekauft und war mit Babette und mir um die Welt geflogen. Ich habe ihn nie verhandlungsunfähig erlebt.

Meine Einschätzung, die sicher in irgendeinem Anwaltsschreiben verewigt ist, hat Babette bestimmt nicht milder gestimmt in ihrem Rachefeldzug gegen mich und meine Familie. Zumal Babette den Prozess um mehr Einfluss in der Stiftung verlor.

Meine Familie und Freunde haben mich oft gefragt, ob hinter Babette Albrechts Furor nicht noch etwas anderes stecke als überhöhte Rechnungen, die ja leicht auszugleichen gewesen wären durch eine Rücknahme der Kunstwerke samt Zinsen.

Das ist eine diskrete Angelegenheit, die diskret bleiben sollte. Nur so viel: Ich vermute das auch, man könnte zwischen einigen privaten Vorfällen durchaus Zusammenhänge herstellen. Aber es gibt Grenzen der Privatsphäre, die zumindest einem großen Teil der Albrecht-Familie immer sehr wichtig waren. Ich möchte diese Grenzen respektieren und mich nicht in Mutmaßungen ergehen. Auch wenn mir dazu einige delikate Geschichten durch den Kopf gehen.

Zurück zur Zeit der Kunstgeschäfte mit Berthold: Die überhöhten Rechnungen nagten mit jedem Deal stärker an meinem Gewissen. Es war eine perverse Situation: Wir flogen zusammen zu den größten Kunstfestivals und -messen der Welt, verstanden uns gut, Berthold vertraute mir und lebte auf. Ich musste dringend aufhören, ihn zu bescheißen, auch wenn ich mir sicher war, dass er keine finanziellen Nachteile hatte. Ich kam mir schäbig vor, fühlte mich die ganze Zeit wie ein Schuft.

Irgendwann gab ich mir einen Ruck und sagte Berthold, dass ich mit 5 Prozent nicht mehr auskomme. Anlass war der Ankauf einer riesigen Aluminiumskulptur von Tony Cragg für den Garten der Villa in Bredeney. Der normale Verkaufspreis lag etwa bei 400 000 Euro. Cragg, der seit Jahrzehnten ein Freund war, gab sie mir für 200 000. Ich sagte Berthold, dass meine Kosten zu hoch seien, ich mit 5 Prozent Provision nicht hinkomme. Wir müssten meinen Anteil nach Aufwand gestalten – und jedes Werk einzeln verhandeln, womit Berthold einverstanden war. Das Geld war ihm offenbar zweitrangig.

Er war es nur eben gewohnt zu verhandeln – und seine Vorstellungen durchzusetzen, solange er nicht auf einen ebenbürtigen Verhandlungspartner traf. Leider fand dieses Gespräch unter vier Augen statt.

Der Richter hat mir diese Version nicht geglaubt. Er sagte später im Prozess, ich hätte auch für die Cragg-Statue nur 5 Prozent nehmen dürfen – genau wie für einige andere Kunstwerke, die in eine Zeit fielen, als ich Berthold längst vor jedem Ankauf sagte, wie hoch mein Anteil ist. Er folgte der Logik, der auch große Teile der Gesellschaft folgten: einmal Betrüger, immer Betrüger.

30. KUNST FÜR JOGI, POLDI UND SCHWEINI

Ein Plausch beim Stanglwirt und die Folgen

Kitzbühel, Dezember 2013. Die Frau, die mich im Pool vom Stanglwirt am Beckenrand ansprach, konnte ich nicht direkt zuordnen. »Hallo Helge, kennst du mich nicht mehr? Managerin von Veronika Ferres, klingelt es?« Sollte ich sie auf einer Vernissage kennengelernt haben? Einem Dinner? Oder bei der Übergabe der Gursky-Fotos an das VW-Museum in Wolfsburg?

Ich nahm die Schwimmbrille ab und versuchte, mich zu erinnern. »Ach ja, Wolfsburg, Gursky«, brummelte ich so oder ähnlich, um Zeit zu gewinnen. Im nächsten Moment tauchte ihr Mann auf, stellte sich als PR-Manager vor und erzählte nach ein paar Höflichkeitsfloskeln euphorisch von einem aktuellen Projekt: »Ich kümmere mich um das Campo Bahia, die Hotelanlage der deutschen Fußballnationalmannschaft während der WM in Brasilien.« Dass der Münchner Modeunternehmer Christian Hirmer und seine Frau Christiane ins Campo Bahia Millionen investierten, stand in allen Gazetten, ich hatte einen Fernsehbericht über die Luxusanlage gesehen, wirklich schön, stilvoll.

»Und was machen Sie im Campo Bahia mit Kunst?« – »Wie, mit Kunst? Was meinen Sie?« – »Wäre es nicht interessant, einen Dialog zu schaffen zwischen Fußball und Kunst, Brasilien und Deutschland?« – »Was stellen Sie sich denn da vor?« – »Spontan würde ich sagen: Es gibt 14 Häuser, also brauchen wir 14 Künstler. Sieben brasilianische und sieben Deutsche. In den verschiedenen Häusern und Räumen schaffen wir so einen Dialog zwischen den Kulturen. Und werten das Quartier nebenher noch ästhetisch auf. Die Jungs sollen sich ja wohlfühlen bis zum Finale.«

Ich ließ die Namen Gursky und Föttinger fallen und erzählte, dass der Kontakt zu brasilianischen Künstlern leicht herzustellen sei: Gerade lief eine MoMA-Ausstellung in Rio – Thema der Schau waren die »ökologischen Herausforderungen unserer Zeit«, wie MoMA-Chefkurator Klaus Biesenbach es nannte.

Der PR-Mann beendete seine Schwimmeinheit und schwang sich aus dem Becken. »Ich rufe den Christian gleich mal an, lassen Sie uns danach weitersprechen«, sagte er und verschwand in der Umkleide. Ich zog noch ein paar Bahnen – hatte mir mal wieder vorgenommen, ein bisschen abzunehmen oder zumindest keinen weiteren Winterspeck anzusetzen. Was mit jedem Geschäftsessen und jedem Lebensmonat ein bisschen schwerer wurde. Zum Glück liebte Dorothee mich nicht wegen meines Äußeren, aber ein paar Spitzen musste ich mir immer öfter gefallen lassen.

Wenig später telefonierte ich selbst mit Hirmer. Er überlegte, sofort mit dem Hubschrauber nach Kitzbühel zu fliegen, um Details zu besprechen, aber das Wetter war zu schlecht. Wir trafen uns einige Wochen später und vereinbarten die Zusammenarbeit.

Um Geld ging es beim Projekt für das Campo Bahia nur am Rande. 750 000 Euro durfte ich für Kunst im DFB-Quartier ausgeben. Es ging darum, Spitzenfußballer mit moderner Kunst zusammenzubringen und für eine gute Atmosphäre zu sorgen! Eines wusste ich als Kunstberater, Unternehmenschef und inzwischen auch als Berater für die Vermittlung von Kunst und Architektur: Um ein großes Ziel zu erreichen, braucht es eine Gruppe, die zusammenhält, und einen Ort, an dem sich alle wohlfühlen. Einen menschenfreundlichen Ort, mit einem achtsamen Blick fürs Detail entworfen, kann das Beste im Menschen zum Vorschein bringen. Viele haben kein Gespür dafür, was eine ästhetische Umgebung mit ihnen macht – sie merken es nur im Urlaub am Meer oder in den Bergen.

Im Campo Bahia würden die Nationalspieler das Rundumpaket haben: imposante Natur, ästhetische Architektur und Kunst.

Brasilien, Januar 2014. Drei Wochen nach der Begegnung im Hotelpool flog ich nach Brasilien. Das Campo Bahia – zu erreichen nur mit einer Fähre über den Rio João de Tiba, danach geht es über eine Schlaglochpiste zum Resort – ist ein Ort der Ruhe und des Luxus. 700 Quadratmeter Poolanlage, großzügige Suiten mit Meerblick, handgearbeitete Holztische, antike Möbel, Palmenstrand, Movie- und Playstation-Lounge, exzellente Küche, Personal für jede Kleinigkeit. Ein Ort der Ruhe, Offenheit, Großzügigkeit, Harmonie, die mit ein wenig Kunst noch an Charme gewann. Die Herberge, die die deutsche Nationalelf vier Jahre später in Russland beziehen würde, wirkte dagegen wie eine heruntergekommene Kaserne.

Im Campo Bahia spürte man ein kreatives Vibrieren. Es war warm, überall wurde gearbeitet, Christian und Christiane Hirmer empfingen mich euphorisch. Schnell waren wir uns einig, wie die Häuser gestaltet werden sollten. Sieben Künstler aus Brasilien, sieben aus Deutschland, die Idee aus dem Stanglwirt-Pool blieb unangetastet. Sie passte im Nachhinein hübsch zu den sieben Toren der Deutschen im Halbfinale gegen Brasilien ... die ich mir genauso wenig erträumt hätte wie die Tatsache, das Spiel in einer gut 7 Quadratmeter großen Zelle zu verfolgen statt im Stadion, im Dunstkreis der Mannschaft.

Für Joachim Löws Villa hängten wir von Diango Hernández auf Textil gemalte Cocktailrezepte auf, im Zimmer für die Presse die Karikaturen des Brasilianers Loredano, in den Fincas der Spieler zum Beispiel Collagen von Isabella Fürnkäs und Martin Denkers Foto-Porträts der ganz in der Nähe lebenden Pataxó-Indianer. Die Öffentlichkeit würde die Zimmer nicht zu sehen bekommen – nur am Pool trafen alle Gäste aufeinander. Dort siedelte ich das Herzstück des Projekts an: eine interaktive WM-Bar von Claus Föttinger und Andreas Gursky. Auf sechs Monitoren der Bar wechselten historische Fotografien von Weltmeisterschaften und aktuelle Fotos der deutschen Mannschaft sich ab. Täglich sollten neue Bilder der Nationalmannschaft hinzukommen und die Geschichte der WM abbilden – die Nationalspieler sahen so beim Entspannen, welchen Teil der Strecke zum Titel sie schon geschafft hatten. Darüber beleuchteten Föttingers Barlampen mit den historischen Fotos den Tresen – sie gefielen Jogi Löw später so gut, dass er zwei davon kaufen wollte. Ob er es letztlich getan hat, erfuhr ich nicht mehr.

Beim Mittagessen erzählte Hirmer von einem sehr vermögenden brasilianischen Nachbarn, der eine eigene Privatlinie, eine Fluglinie und eine Flugzeugfabrikation hatte. Er fand die Idee mit der Kunst für das Campo Bahia sehr spannend und wollte mich zum Mittagessen einladen.

Einen Tag später besuchten wir ihn in seinem »Beachhouse« – einer großen Villa unter Palmen am Meer. Vor den Toren standen Wachleute. Auf der Terrasse empfing uns ein freundlicher älterer Mann. Wir aßen Meeresfrüchte, tranken Weißwein, sprachen über die kommende Weltmeisterschaft, über Kunst und Architektur. Irgendwann erzählte er uns, dass er auf seinem Grundstück etwas Besonderes bauen wollte, vielleicht Ferienhäuser und ein Hotel.

»Wie wäre es«, fragte ich ihn, »wenn wir die Schönheit der Natur mit einer ökologischen Architektur der besten Architekten der Welt verbinden würden? Jaques Herzog, Rem Koolhaas, David Chipperfield, Norman Foster und viele andere könnten dabei sein. Dazu ein Kunstmuseum, ein Hotel, ein Konzertsaal, eine herrliche Bibliothek und einen Skulpturenpark.« Grob skizzierte ich meine Idee. Jeder Architekt könnte eine Serie von Häusern entwerfen – die einzige Vorgabe wäre der Dialog mit der Natur und der Nachhaltigkeit. »Das ist ein großartiger Plan. Bis wann könnten Sie einen Workshop mit den Architekten organisieren und ein detailliertes Konzept präsentieren?«

»Bis zum Herbst lässt sich das machen«, sagte ich. Zum Abschied nahm er meine Rechte mit beiden Händen und hielt sie. »*Thank you so much, Mr Hirmer, Mr Ackenback!* Wir sehen uns zur Weltmeisterschaft!«

Zwei Tage später erzählte ich Freunden in Düsseldorf von der Projektidee. Einer der Freunde war der Anwalt von Brad Pitt. Er sagte: »Brad liebt Architektur, vielleicht hat er ja Interesse, bei dem Projekt mitzumachen.« – »Dann können wir das Dorf ja ›Brad's Village‹ nennen«, sagte ich lachend. »Ich werde Brad von dem Projekt erzählen und mich bei Ihnen melden«, sagte er. Das Leben war schön!

31. OPERNSÄNGERIN MIT NEBENJOB

Wie meine Frau mich in flagranti erwischte

Brasilien, Mai 2014. Im Resort leuchtete die interaktive WM-Bar von Föttinger und Gursky vor dem türkisfarbenen Pool. Der Boden der Bar musste noch mit einem Remake von Gurskys Fotografie *Amsterdam, Arena* – eine seiner monumentalen Spielfeldaufnahmen – verlegt werden. Ob Mesut Özil und Lukas Podolski schon mal von Gursky gehört haben? Eher nicht, müssen sie auch nicht, um sich wohlzufühlen. Und wer weiß: Der frühere Nationaltorhüter Toni Schumacher ist großer Andy-Warhol-Fan. Längst sammeln auch Sportstars Kunst.

Manager Oliver Bierhoff – mein Kontaktmann bei der Nationalmannschaft – lobte das Projekt bei einer Besichtigung vor Ort überschwänglich. Er zeigte mir Fotos von den nackten Wänden seines Privathauses auf dem Smartphone und fragte, ob ich ihn privat beraten könne. Wir vereinbarten, uns nach der WM zu treffen. Fürs Erste versprach Bierhoff Karten für die Spiele und »einen Platz im Flieger der Mannschaft«. Bierhoff und den Stab der Nationalelf hatte die Brasilien-Euphorie genauso erfasst wie Christian Hirmer, sein Team, die Künstler und mich.

Die Nationalspieler waren ebenfalls begeistert: Einige Tage nach ihrer Ankunft kursierte ein Video durch die sozialen Netzwerke, auf dem Manuel Neuer und Bastian Schweinsteiger zu sehen sind, die Arm in Arm mit einheimischen Fans durch den Strandort Santo André ziehen und hüpfend in eine Vereinshymne mit einstimmen.

Hirmer erzählte mir von der ausgelassenen, aber konzentrierten Stimmung im Resort. Wunderbar!

Statt wie ursprünglich geplant bis zum Eröffnungsspiel in Brasilien zu bleiben, traf ich Dorothee in Washington, eine Freundin von uns feierte dort ihren 60. Geburtstag. Für den Fall, dass ich sieben Wochen am Stück in Brasilien verbringen würde, hatte Dorothee angekündigt, die Scheidung einzureichen – es war ihr bitterernst.

Ein Jahr zuvor, im Frühjahr 2013, hatte sie mich sozusagen in flagranti erwischt. Es war auf dem Schiff eines saudischen Kunden in Frankreich, in der Nähe von Cannes. Wir waren dort zusammen mit meinem Sohn Max und saßen beim Mittagessen, als sie mich nach einem Telefonat um mein I-Pad bat. Sie müsse schnell einen Nachruf für ihre Zeitung schreiben. Dorothee arbeitete als Kulturjournalistin.

Später wirkte sie an diesem Tag abweisend und gereizt. Warum, erfuhr ich allerdings erst, als wir wieder in Düsseldorf waren. »Wer ist eigentlich diese Carmen?«, fragte sie, als ich abends aus dem Büro kam. »Wer? Ach, das ist eine Künstlerin aus Berlin …« – »Welche Art von Kunst betreibt sie denn so?« – »Wie meinst du das? Warum fragst du? Sie ist Opern…« Ehe ich zu Ende sprechen konnte, schlug sie mir das I-Pad über den Kopf und schrie: »Pack deine Sachen. Ich will dich nicht mehr sehen. Spätestens morgen früh bist du weg hier.« Es gelang mir nicht, sie zu besänftigen. Sie tobte wie ein Orkan. Ich musste meine Sachen packen und zog vorläufig ins »Hyatt«.

Dabei war Carmen wirklich Künstlerin – Opernsängerin! Sie sang mir sogar abends manchmal etwas vor. Allerdings im Bett. Sie hatte nicht so viele Engagements an der Oper, daher verdiente sie sich etwas dazu. In ihrem Job als Muse beziehungsweise Escort-Girl lief es deutlich besser.

Carmen gefiel mir gut. Dorothee sagte ich, dass sie mir nichts bedeute – aber das überzeugte sie natürlich nicht. Akzeptieren wollte ich den Rausschmiss allerdings auch nicht. Schließlich liebte ich meine Familie. Also bombardierte ich sie fortan mit Anrufen und Briefen. Dorothee war die beste Frau meines Lebens!

Ein paar Wochen später versöhnten wir uns wieder. Wir fuhren, auch der Kinder zulieb, zusammen in die Ferien nach Italien. Genossen Capri, Pompeji und die italienische Küche. Ich tat alles, um sie nicht zu verlieren. Die Unbeschwertheit war allerdings weg. Dorothees Vertrauen war zutiefst erschüttert. Immer wieder gab es Spitzen. Immer wieder reagierte ich gereizt.

Dünnhäutig und gestresst war ich vor allem, weil Babettes Anwälte während des Urlaubs einen Brief geschickt hatten. Sie verlangten darin alle Originalrechnungen der Kunstwerke und Oldtimer, die ich Berthold verkauft hatte. Das war seltsam, sie mussten die Rechnungen eigentlich alle gehabt haben. Das Schreiben war kühl und fordernd formuliert. Sie wollten eine Offenlegung der Einkaufspreise. Mir schwante Böses.

Ich fühlte mich von der Tat aus der Vergangenheit eingeholt, spürte Angst – und musste doch cool bleiben, um meine Beziehung wieder zu kitten. Ich sagte nichts, spielte den großzügigen Familienvater und liebevollen Ehemann – doch Dorothee spürte, dass etwas nicht stimmte.

Dorothees Gefühlsausbrüche waren verständlich. Ich schlingerte, hatte Angst und wollte ihr nicht sagen, warum. Spielte lieber weiter den Patriarchen. Zudem war ich immer noch ständig in der Weltgeschichte unterwegs. Warum sollte es nicht überall Carmens geben? Die gab es nur sehr selten. Und in dieser Phase längst nicht mehr. Doch auch wenn ich seit der Sache mit der ›Opernsängerin‹ anderen Frauen widerstand, blieb ich doch ein Getriebener. Und jetzt war da noch dieser Brief von Babettes Anwälten.

Leider antwortete ich auf das Schreiben nur, dass ich mit Berthold, wie Babette sicherlich wisse, Rücknahmegarantien vereinbart hatte – und den Einkaufspreis samt 4 Prozent Zinsen pro Jahr binnen sieben Jahren zurückzahlen würde, sofern Babette nicht zufrieden sei. Sie habe auch die Möglichkeit, die Kunstwerke jederzeit über mich weiterzuverkaufen. Mein Anwalt meinte später, dieser Brief, in dem ich einer Antwort auswich, könnte ein fataler Fehler gewesen sein.

32. INTERMEZZO: FAMILIENVATER UND SCHÜRZENJÄGER

Bin ich liebesfähig?

Ich habe acht Kinder von vier Frauen. Ich liebe meine Kinder über alles und habe jede meiner Frauen intensiv geliebt. Andererseits war ich nicht immer treu. Habe Frauen für Sex bezahlt. Affären? Einige, ja. In der Düsseldorfer Kunstszene war Monogamie Anfang der 70er-Jahre eher verpönt.

Ein *Lonely Boy* war ich, immer auf der Suche nach Liebe. Getrieben, geltungs- und harmoniebedürftig. Mein Verhältnis zu Frauen würde ich als leidenschaftlich und liebevoll bezeichnen, unverkrampft und leicht.

Je erfolgreicher ich wurde, desto größer wurden die Versuchungen. Ich verkehrte in den Villen der Reichen, auch einige Damen der besseren Gesellschaft waren mir zugetan. Nicht wegen meines Geldes, sondern, weil ich für sie ein guter Geschichtenerzähler war: Einer, der mit der Etikette, der sie ihr Leben lang unterworfen waren, nichts am Hut hatte. Und dazu scheinbar spielerisch Geld verdiente, indem er Leinwände mit ein paar Farbkleksen verkaufte. Allein die Damen aus der Kaste der Konzernchefs haben mich nicht allzu oft erotisiert.

Jede Frau, für die ich mich begeisterte, war für mich einzigartig und faszinierend. Ich habe jedes Mal gestaunt, dass es dieses wunderbare Wesen überhaupt gab, dass ich gerade diese Frau kennenlernen durfte, dass wir zusammenfanden.

Mit einer Frau zusammen zu sein, war und ist jedes Mal wieder überwältigend und einmalig. Ich war immer wieder verblüfft, hingerissen, nie habe ich mich lebendiger gefühlt als in der Liebe zu einer Frau. In keiner Künstlerbegegnung, bei keinem Bilderkauf, keiner Fahrt im Ferrari.

Mein Verhältnis zu Frauen war oft widersprüchlich. Ich war schnell fasziniert und verliebt. Unvermittelt, ich konnte es nur schwer steuern, es wurde schnell sehr intensiv. Womöglich war mein Verhältnis zu Frauen eine Zeit lang auch gestört, vielleicht war ich nicht richtig beziehungsfähig und nicht liebesfähig – aber auf jeden Fall süchtig nach Anerkennung. Verführung und Eroberung sind für Narzissten wichtig, um ihr eigentlich stark beschädigtes Selbstwertgefühl aufzupeppen. Wenn ich das Gefühl hatte: »Die will mich!«, hat mir das oft einen euphorisierenden Kick gegeben.

Meinen Frauen habe ich oft sehr wehgetan – und dadurch auch meinen Kindern. Weil ich Vertrauen und Dorothees gesellschaftliche Ehre zerstört habe, ist meine letzte Ehe kaputtgegangen. Und damit eine Familie mit all ihren Vorstellungen vom Glück. Das war im Fall von Dorothee besonders schlimm, weil sie bis zuletzt zu mir hielt, sogar dann noch, als ich verurteilt war und im Gefängnis saß. Sie hat für eine gemeinsame Zukunft gekämpft. Aber es war zu spät, zu viel war wohl zerstört worden, um auch noch die Zeit im Knast, den Verlust des Vermögens und jeder Sicherheit gemeinsam zu überstehen.

Silvester 2016 feierte ich nach zwei Jahreswechseln in der Zelle als Freigänger wieder zu Hause – mit Dorothee. Es war ein harmonischer, ganz wunderbarer Abend. Als ich zu später Stunde kurz ins Bad ging, kam ich zurück und sah eine vor Zorn bebende Frau, die mich aufforderte zu gehen. Was war passiert? Dorothee hatte mein Handy genommen und eine SMS von Nancy gesehen, die mir ein gutes neues Jahr wünschte – verbunden mit der Hoffnung, dass wir uns bald sehen könnten. Nancy war jung und hübsch, vor meiner Inhaftierung waren wir uns nähergekommen – ich hatte ihr geholfen, einen Studienplatz in New York zu finanzieren, daraus hatte sich eine lose Freundschaft über einige Jahre entwickelt.

Meine mangelnde Kontrolle, die zu den Seitensprüngen führte, tut mir heute leid. Unabhängig davon, dass mir die bürgerlichen Vorstellungen von Ehe oft überholt vorkamen, habe ich meine Familie dadurch verletzt.

Erotik ist mir bis heute wichtig und hat längst nicht immer mit Sex zu tun. Erotik bedeutet für mich Befreiung und Freiheit, Rebellion und Ästhetik, Nähe und Verbundenheit, Achtsamkeit gegenüber kleinen Dingen, Offenheit und Menschlichkeit. Spätestens wenn ich mein Portemonnaie öffnete, ging es allerdings eher nur um Spaß und Sex.

Ich habe nach meiner Haft mit einem befreundeten Therapeutenpaar über mein Verhältnis zu Frauen gesprochen. Ihre Interpretation, die ich teile, ist folgende: Ich habe in Frauen immer eine Geborgenheit, eine Wärme gesucht, die ich bei meiner Mutter, die ich als kalt und falsch erlebt habe, nur als Fötus im Bauch gefunden habe. Fand ich diese Geborgenheit bei einer Frau, kamen schnell Babys heraus, die ich liebte, aber auch als Kränkung erlebte, weil ich nicht mehr im Fokus der Geliebten war. Das Bett gehörte ab dann dem Neugeborenen. Freud hat das Baby nicht umsonst »Seine Majestät« genannt. Das konnte ich nur schwer ertragen. »Du wolltest der König sein, der du als Kind nicht oder viel zu wenig warst«, sagte die befreundete Therapeutin. Aus Mangel an Nähe in der Kindheit suchte ich also ständig nach Nähe. Wenn ich sie fand, genoss ich sie eine Weile, konnte sie aber entweder irgendwann nicht mehr ertragen oder stellte sie infrage. Und rächte mich indirekt damit an meiner Mutter.

Harte Erkenntnis, aber nachvollziehbar. Nicht umsonst schaffen es viele narzisstische Persönlichkeiten in Führungspositionen: Die Anerkennung, die sie zu Hause nicht erfahren haben, suchen sie ein Leben lang woanders. Sie wollen endlich Könige sein! Dafür hinterlassen sie viel verbrannte Erde. Gehen auf der Suche nach Bestätigung fremd. Manchmal gehen sie auch ins Gefängnis.

Meine erste Frau verließ ich, als ich abends von der Arbeit kam und sie mit Kaffee und Zigarette auf dem Sofa saß. Ich war 23, managte die Junior-Galerie und musste mir jede Mark schwer verdienen. In der Bude sah es aus wie nach einem Bombeneinschlag. Der Kühlschrank war leer, das Baby, Michael, lag irgendwo in einer Decke, meine Frau qualmte nur und zuckte mit den Schultern.

Ich wickelte meine Sachen in ein Bettlaken, packte die Stereoanlage unter den anderen Arm und sagte: »Ich kann das so nicht, ich will das so nicht, ich verlasse dich jetzt.« Bum, aus, das war's. Dabei ist es geblieben. Danach haben wir nur noch den bürokratischen Kram und die Kinderbesuchszeiten geklärt.

Im Rückblick ist das irre. Egoistisch. Da war schließlich auch mein Sohn Michael! Aber so unreif war ich damals. Es wäre zu einfach, das allein mit fehlender Geborgenheit in der Kindheit zu begründen oder mit meiner ersten Freundin, die mich mit meinem besten Freund betrog. Aber wenn ich mit Freunden oder auch Therapeuten darüber spreche, warum ich bei keiner Frau geblieben bin, kommen wir immer wieder auf meine Kindheit und Jugend zurück.

Ich habe meine Mutter dafür verachtet, dass sie meinen Vater betrogen hat, dass mein Vater nicht mein leiblicher Vater war. Dass sie unaufrichtig war. Dass das alles aber nie ausgesprochen wurde. Mir also ständig die Wahrheit vorenthalten wurde. Andererseits habe ich sie sehr geliebt. Sie war meine Mutter! Schizophrenerweise bin ihr dann irgendwann ähnlich geworden: Wurde unaufrichtig, bin fremdgegangen und habe Menschen damit verletzt. Obwohl ich immer versucht habe, mit meinem Umfeld einen sehr warmherzigen und menschenfreundlichen Umgang zu pflegen. Scheidungskinder wollen es besser machen als ihre Eltern – und scheitern oft daran. Es gibt ja viele Studien, die belegen, dass Kinder geschiedener Eltern sich später selbst deutlich häufiger scheiden lassen als Kinder, deren Eltern zusammenbleiben.

Wahrscheinlich liegt in meiner Kindheit eine Wurzel meiner späteren Großmanns- und Geltungssucht. Ich wollte etwas Besonderes sein, weil meine Mutter sich nicht sonderlich für mich interessierte. Sie war immer wieder kühl und selbstbezogen und – wie ich erst später verstand – ziemlich unzufrieden mit ihrem eigenen kleinen Leben. Ich habe sie nicht als liebende, selbstlose Mutter kennengelernt, die glücklich ist, weil sie ein Kind hat, eine Familie, und alles tut für ihr Kind. Eher im Gegenteil. Die Familie schien sie zu stören.

So ein spießiges Kleinstadtleben, in dem alles weggeschwiegen wird, bis die Züge hart und verhärmt sind, wollte ich nicht führen.

Freud würde wohl sagen: Ich suchte mein Leben lang meine Mutter – um mich dann an ihr zu rächen. Klingt primitiv und irgendwie grausam, ist aber vermutlich was dran. Auch wenn mich der Gedanke immer wieder erschreckt. Ich habe mich meistens als Partner erlebt, der seiner Partnerin jeden Wunsch von den Lippen abliest, der für sie und für seine Kinder da ist, weich ist. Der mit vielen seiner Ehemaligen noch befreundet ist. Harmonie suchte, die er bei der Mutter nicht fand.

Aber da war auch der andere Helge. Der selbstbezogene, freiheitsliebende, anerkennungsbedürftige, polygame, der sich nicht um die gesellschaftlich normierten Moralvorstellungen schert. Der nicht beziehungsfähig ist und dadurch Familien auseinanderreißt. Der viel Geld für eine Muse ausgibt. Der sich respekt- und rücksichtslos verhält.

In meiner Sturm- und Drangzeit, Mitte der 80er-Jahre, war ich fest liiert – und lernte Samia kennen, eine wunderschöne junge Frau aus Tunesien, die eigentlich anders heißt. Ich lernte sie nicht irgendwie kennen, sondern über eine bekannte Persönlichkeit, die ins Rheinland gekommen war, nachdem man sie in ihrer vorherigen Position in einer anderen Stadt in flagranti mit zwei hübschen Damen erwischt hatte. Dieser Mann, natürlich glücklicher Familienvater, stellte mir bei einem Abendessen also Samia vor – die so umwerfend schön war, dass ich nicht anders konnte, als mich in allerhellstem Licht zu präsentieren. Wir flirteten heftig, und ich bildete mir ein, dass ich Eindruck auf sie machte. Das wäre womöglich aber gar nicht nötig gewesen, denn der aus den Medien bekannte Herr erzählte mir beim Essen beiläufig, dass er ein kleines Problem habe: Er sei nach einer Prostataoperation impotent – und brauche einen verlässlichen Mann, der Samia körperlich zufriedenstellen könne.

Das erste Mal trafen wir uns in der Suite eines Kölner Edelhotels – der Politiker war auch zugegen. Ins Schlafzimmer gingen Samia und ich allerdings allein. Einige Monate später fragte mich der Politiker, ob ich nicht helfen könne, unserer Prinzessin eine Wohnung zu organisieren – ich tat, was ich konnte. Wenn wir uns dienstags und donnerstags um die Mittagszeit in ihrem neuen Penthouse trafen, lasen wir uns auch Gedichte vor, abends tanzten wir zu romantischer Musik. Ich zeigte Samia neue Kunstkataloge, lud sie auch mal zu einer Vernissage ein. Aber die meiste Zeit haben wir uns doch einander gewidmet.

Besonders viele lange Beziehungen hatte ich nicht. Nach der ersten Frau kam eine attraktive Künstlerin, dann Angelika, eine sehr sinnliche und intelligente Frau, mit der ich vier Kinder habe. Und die ich nach zwölf Jahren verließ. Angelika genoss es zwar, dass ich immer erfolgreicher wurde, wir Kindermädchen und Chauffeur hatten, interessierte sich aber so gar nicht für meine Arbeit. Das allein war nicht so tragisch, aber sie sah sich auch nicht in der Lage, ein paar Sätze mit meinen Geschäftskunden zu wechseln. Das hat mehr als einmal zu peinlichen Situationen geführt, weil Angelika während der Geschäftsessen schwieg wie ein Stein. Da ich sehr stark für die Arbeit lebte, war das für unsere Trennung ein wichtiger Grund.

Als die Beziehung mit Angelika schon lange kriselte, lernte ich die kunstsinnige Charlotte Werhahn aus Neuss kennen, eine Enkelin von Konrad Adenauer, die zwischenzeitlich auch für meine Unternehmen arbeitete. Ein Kind haben wir zusammen. Als das Kind zur Welt kam, waren wir allerdings schon kein Paar mehr. Lange überlegt habe ich, ob ich der Bitte von Charlotte und ihrem neuen Partner nachkommen sollte, unsere Tochter zur Adoption freizugeben. Schließlich tat ich es. Wir hatten über all die Jahre nur sporadisch Kontakt.

Nach Charlotte Werhahn kam schon Dorothee, mit der ich meine beiden jüngsten Kinder habe. Auch sie hat anfangs für meine Firma gearbeitet. Wir haben uns wunderbar ergänzt, sie hat die Kunstwelt geliebt, kannte sich in Kunstgeschichte viel besser aus als ich, wir konnten gut reden, sie nahm das Leben wie ich am liebsten leicht und arbeitete gern, wir hatten viel gemein.

Das Leben mit Vernissagen, Messen, Galadinners, schicken Autos, Designermode und Erste-Klasse-Flügen genoss Dorothee auch. Aber da war eben noch Carmen. Und mein Betrug, die Haft, die Pleite – sogar ihr Nagelbild von Günther Uecker, ihre Lebensversicherung, haben die Aldi-Erben schließlich eingeklagt, um es für 2,2 Millionen Euro zu versteigern. All das war zu viel, um unsere Beziehung noch retten zu können.

Heftige Liebe, Hochzeit, Kind – von diesem Muster habe ich mich verabschiedet. Meine Leidenschaft und Vitalität sind nicht weniger geworden. Aber ich möchte aus meinen Fehlern lernen – und stelle mir die Frage nach der Wahrhaftigkeit. Ich bin glücklich mit meiner Freundin, einer litauischen Künstlerin.

Meine Freundin ist – es mag Zufall sein – an dem Tag nach Essen gezogen, als ich verhaftet wurde. Am 9. Juni 2014 saß sie in ihrem vollgepackten Auto, weil sie ihr Fine-Arts-Studium in Basel abgeschlossen hatte, erlebte die Verwüstungen, die das Sturmtief Ela angerichtet hatte – und erfuhr wenige Tage später aus den Nachrichten von einem gewissen Helge Achenbach.

Kennengelernt habe ich sie kurz nach meiner Entlassung über einen Freund, einen pensionierten JVA-Beamten. Er wollte mir eine »ambitionierte junge Künstlerin« vorstellen. Ich mochte ihre Arbeiten auf Anhieb, die ausdrucksstark waren und auch politisch.

Unsere Beziehung lebt über die Kunst: Noch nie habe ich so intensiv miterlebt, wie Bilder entstehen – im Atelier sehe ich täglich, wie sich ihre Werke entwickeln.

Wir leben zusammen wie ein Studentenpaar, von der Hand in den Mund, Tag für Tag, mit täglich neuen Perspektiven und Ideen –

aber ohne jede finanzielle Sicherheit. Als wir uns zum ersten Mal auf meinem Kulturhof trafen, war ich sofort fasziniert. Ihre Herzenswärme und Sinnlichkeit, ihre Bodenständigkeit und ihre Leidenschaft für die Kunst haben mir sehr gutgetan. Als meine Kinder sie kennenlernten, sagten sie sofort: »Papa, das ist die erste Frau, die wirklich zu dir passt.«

Zum ersten Mal in meinem Leben erfahre ich, wie es sich anfühlt, bedingungslos geliebt zu werden. Die Offenheit meiner Freundin berührt mich. Ich empfinde große Dankbarkeit für diese Fügung.

Zurück zum Campo Bahia der Nationalelf: Ich konnte also nicht für sieben Wochen allein nach Brasilien. Ich sah das natürlich ein, wollte unbedingt meine Ehe retten. Dorothee und ich einigten uns darauf, die Spiele ab dem Achtelfinale zusammen vor Ort zu verfolgen und ab dann mit der Mannschaft zu reisen. »Ruf einfach vorher an, wir organisieren dann alles kurzfristig vor Ort, ein paar Karten halten wir immer vor«, hatte Oliver Bierhoff gesagt.

ABSTURZ UND SUCHE NACH DEN WURZELN

33. TIEF ELA

Ein Orkan als böses Omen

Juni 2014, Washington/Frankfurt. Der 9. Juni war ein viel zu warmer Sommertag. Mein maßgeschneidertes Mandarin-Hemd war nass, doch die Hitze bedrückte mich nicht im Geringsten, die zurückliegenden Wochen hatten mich beflügelt. Am Pfingstmontag stiegen wir in Washington in einen Jumbojet der Lufthansa, etwas müde – eine befreundete Familie hatte mit uns drei Tage lang gefeiert –, aber auch voller Energie.

In der Abflughalle sprach ich noch kurz mit einem Geschäftspartner über die österreichische Sammlung Essl, 6000 Werke der bekanntesten zeitgenössischen Künstler, die wichtigste Sammlung der Alpenrepublik.

Baumax-Gründer Karlheinz Essl musste seine wunderbare Sammlung verkaufen, sein Baumarktimperium stand vor der Insolvenz. Noch in dieser Woche würden wir uns in Wien mit seiner Bank treffen. Zahlreiche meiner Kunden wollten gern in die Sammlung investieren, ich hatte also einige konkrete Anfragen für Investitionen ab 10 Millionen Euro aufwärts, inzwischen gab es auch noch einen Unternehmer, der die ganze Sammlung kaufen wollte. Auch mit ihm stand ein Treffen an. Bei der Bank hatte ich ein Gebot über 150 Millionen abgegeben.

Am Ende der Woche würde ich einen Sammler in Südfrankreich treffen, es ging um die Idee für einen Skulpturenpark. Die nächste Ausstellung mit der Sammlung Rheingold stand vor der Tür und die Art Basel, die wichtigste Kunstmesse des Jahres. Auf Lanzarote, wo ich eine Finca hatte, wollte ich meine Pläne für ein Museum vorantreiben. Mein Mail-Postfach quoll über, bis zum WM-Achtelfinale war mein Terminkalender übervoll. Volldampf, viele spannende Projekte, und dann ging es hoffentlich mit der Nationalmannschaft bis zum WM-Finale nach Rio.

Die Stewardessen an Bord waren wie immer überaus freundlich, fast herzlich, die Crew kannte uns. Nach dem Start brachten sie mir ein Glas Chardonnay, Dorothee nahm eine Schmerztablette – sie hatte schon den ganzen Tag Kopfschmerzen – und versuchte zu schlafen.

Ich schrieb Skripte und Mails – die Ideen für den brasilianischen Unternehmer mussten ausgearbeitet und an die Architekten weitergeleitet werden, für die Gespräche in Wien und Südfrankreich waren noch viele Details zu klären. Erst drei oder vier Stunden vor der Landung in Frankfurt legte ich das I-Pad zur Seite und fiel in einen ruhigen, fast unschuldigen Schlaf.

Vor dem Landeanflug auf Frankfurt weckte mich die Stimme des Piloten: In Westdeutschland hatte ein Orkan gewütet, viele Straßen und Bahntrassen waren gesperrt. Menschen gestorben.

Wir flogen nach einem kurzen Aufenthalt mit einer anderen Maschine weiter nach Düsseldorf. Beim Anflug auf meine Heimatstadt sahen die Waldschneisen zerzaust aus, auf den Straßen überall Staus, Blaulicht, Chaos. Das Unwetter hatte Scheunen abgedeckt, Bäume entwurzelt, Straßenschilder umgeknickt wie Strohhalme – und den Tag zur Nacht gemacht. Ich war etwas besorgt – schließlich musste ich in den nächsten Tagen nach Wien und Frankreich fliegen!

34. DAS SPIEL IST AUS

Festnahme auf dem Gipfel

10. Juni 2014, Düsseldorf/Essen. Der Flieger landete um 7 Uhr. Wir wollten im Flughafen Brötchen holen, um zu Hause mit den Kindern zu frühstücken. An der Fluggastbrücke näherten sich zwei Männer und steuerten zielstrebig auf mich zu. »Sind Sie Helge Achenbach? Dann kommen Sie bitte mit. Wir haben einen Haftbefehl.« – »Wollen Sie mich veräppeln? Das muss ein Irrtum sein!« Ich verstand nichts. Wo war die versteckte Kamera? Wann sprang Guido Cantz hinter dem Flugzeug hervor und grinste sein breites Grinsen? »Das muss ein Irrtum sein«, sagte ich noch mal. Doch Guido Cantz war nirgends zu sehen.

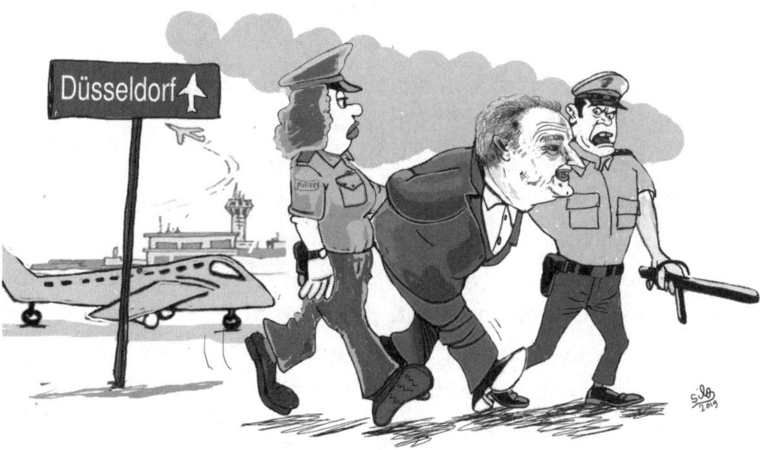

Sie streckten mir den Haftbefehl entgegen. Von einem Schaden von 60 bis 120 Millionen war da die Rede. Unmöglich. Irre. Bilder flackerten auf: Der Brief von Babettes Anwälten, die um die Originalrechnungen gebeten hatten. Der Mitarbeiter, der mehr Einfluss in meinem Unternehmen wollte, was ich verweigert hatte. Die Sache mit der Berenberg Bank, die überhöhten Rechnungen. Die Gedanken schnürten mir die Luft ab.

Dabei hatte ich meinem Anwalt erzählt, was ich gemacht hatte, von den Collagen, auch, um im schlimmsten Fall eine Selbstanzeige vorzubereiten. Doch der hatte mich beruhigt: Es sei kein Schaden entstanden, die verkauften Werke seien längst viel mehr wert. Und ich hatte ja immer eine Rücknahmegarantie gegeben, auch bei Berthold Albrecht, für jedes einzelne Werk, mit einem satten Zinsaufschlag von 4 Prozent pro Jahr. »Wo kein Schaden, da kein Betrug«, hatte mein Anwalt gesagt. Ich solle mir keine Sorgen machen.

Naiverweise hatte ich das für bare Münze genommen. Statt einen zweiten Anwalt hinzuzuziehen, vielleicht einen dritten. Hatte lieber verdrängt, dass ich es mit Babette Albrecht zu tun hatte, mit der ich zwar viele nette Stunden auf Vernissagen, in Restaurants und Bars verbracht hatte, von der ich aber längst wusste, dass sie um jeden Cent des Aldi-Vermögens kämpfte. Und die mich seit Bertholds Tod eisig mied.

Was der Anwalt mir zu den Konsequenzen meiner Rechnungen gesagt hatte, war leider ähnlich realitätsfern wie meine Handlungen, wenn die Fantasie mit mir durchging. Aber wahrscheinlich wollte ich auch hören, dass ich nicht in Gefahr sei – und der Anwalt wusste, wie ich ticke.

»Das ist ein großer Irrtum, mein Anwalt wird das alles aufklären«, sagte ich zu den Polizisten im Flughafen noch mal, leiser, ohne Überzeugungskraft, und versuchte ein Lächeln. Ich starrte in freundliche, aber bestimmte Gesichter.

Die Beamten wollten Dorothee gehen lassen, aber sie zeigte sich solidarisch, wollte mir beistehen und kam mit zur Polizeidienststelle am Flughafen. Zunächst durchsuchten die Polizisten unsere Koffer – so akribisch, als hätten wir Drogen und politisch wichtige Geheimdokumente geschmuggelt. Sie nahmen ihre Seidenblusen aus dem Louis-Vuitton-Koffer und die Dessous, leerten ihren Kulturbeutel, öffneten sogar mein Deo und meine Zahnseidebox, rochen an meinem Rasierwasser und kommentierten die Duftnote.

Was passierte hier? Was sollte das? Sollte das lustig sein? Ich kam mir vor wie ein Boxer, der ausgeknockt wurde – allerdings von hinten, beim siegessicheren Gang in die eigene Ecke. »Wenn Sie jetzt mitkommen, brauchen Sie keine Handschellen.« Handschellen? Mitkommen? Wie in Trance ging ich mit. »Es kann nur ein Missverständnis sein«, sagte ich zu Dorothee. »Alles wird gut.« Einer der Beamten guckte ein wenig spöttisch, fast mitleidig. Wusste er etwa mehr als ich?

Ein Beamter des Landeskriminalamts sprach später von einer »inszenierten Verhaftung. An Achenbach wurde ein Exempel statuiert. Sie hätten ihn doch auch ganz entspannt zu Hause verhaften können.«

Ich hoffte noch immer auf eine Comedyshow, doch plötzlich kam Panik auf. Eine merkwürdige Leere, Angst, Wut, Aggression, all das, kein Schuldgefühl, vor allem Wut. Auf den Mitarbeiter, der mehr Einfluss in meinem Unternehmen verlangt hatte. Nur er konnte mich verraten haben. Auf Babette Albrecht, deren Kinder die Strafanzeige aufgegeben hatten. Bilder wirbelten chaotisch umher. Mir wurde schwindelig.

In einem kleinen Raum der Dienststelle hörte ich nur noch das Wort »Untersuchungshaft«. Wien war gestorben, Südfrankreich, Basel, Lanzarote, Brasilien. Was würde aus meinen Kindern? Was war mit meiner Arbeit? Der Reputation? Den Unternehmen? Der Lebensleistung? Was war überhaupt los hier? Wollten die mich alle verarschen? Was sollte das alles?

Vom Flughafen ging es in einem zivilen Fahrzeug durch eine Landschaft, die aussah wie die Trümmer meines Lebens. Die Felder und Wälder zerzaust vom Sturm, niedergemäht. Überall kaputte Autos und Schilder, Strommasten mit zerfetzten Leitungen, Stau. Die Fahrt von Düsseldorf nach Essen dauerte drei Stunden. Drei Stunden lang sah ich draußen Zerstörung, während in meinem Inneren der Orkan weiter tobte. Und dachte: »Das war also jetzt dein Leben.«

Immerhin durfte ich meinen Anwalt anrufen. Statt zu sagen, dass er mich sofort rausholt, sagte er allerdings nur, dass er sofort nach Essen komme. Dann legte er auf.

Irgendwann kamen wir im Präsidium an. Dort wartete tatsächlich bereits mein Anwalt, mit dem ich ein Dreivierteljahr vorher über das Thema gesprochen hatte, die Collagen. Der mich beruhigt hatte: die Rücknahmegarantie, die Wertsteigerung. Kein Betrug.

»Kopf hoch, es wird schon, mit ein bisschen Glück sind Sie in ein paar Tagen wieder draußen«, sagte er jetzt. Allerdings sei die Beweislage bei einem Haftbefehl meistens ziemlich eindeutig. Deutsche Haftrichter seien eher zurückhaltend.

Ein Richter verlas im Beisein einer Staatsanwältin den Haftbefehl. Auf die Frage, ob ich mich äußern wolle, sagte mein Anwalt, ehe ich etwas sagen konnte: »Nein, mein Mandant äußert sich nicht.«

Dorothee blieb in einem anderen Raum. Als ich rauskam, versuchte ich, sie zu beruhigen: »Es wird schon. In ein paar Tagen bin ich wieder draußen. Es wird sich alles klären.« Spielte den Macher, der ich immer war. Allerdings nicht besonders überzeugend.

Ein paar Stunden verbrachte ich dann in einer kleinen Zelle auf dem Präsidium. Pritsche, Stuhl, Waschbecken, Aluklo. Die Tür hatte keine Klinke. Es stank nach Pisse und Angst. Wahrscheinlich meiner eigenen. Ein Beamter stieß die Tür auf und gab mir ein Glas Wasser. Wie es jetzt weitergehe? »Sie werden später in die JVA Essen gebracht. Sie sind in Untersuchungshaft.« Die Tür knallte zu.

40 Jahre geackert, oben angekommen, eben noch erster Klasse geflogen, mit reichen Sammlern und Unternehmern gemailt. In den nächsten Wochen ging es um viele Millionen, Erntezeit.

So leer ich mich fühlte, so sicher ahnte ich: Das alles war jetzt vorbei. Ich wusste nur noch nicht, mit welcher Dramatik, Schärfe und

Brutalität es abgehen würde. Die Zerschlagung der Unternehmen, die Klagen, die Pfändung jedes Privateigentums, bis zum letzten privaten Besitz von Dorothee, die draußen die Härte der Anwälte und Gerichtsvollzieher täglich zu spüren bekam. Die öffentliche Inszenierung des »eiskalten Betrügers Helge Achenbach«.

Ich hatte zuallererst Angst um meine Kinder, meine Frau, meine Mitarbeiter, mein Leben. Mit einem klapprigen Kleinbus ging es Stunden später in die JVA Essen. In einer Kammer musste ich mich ausziehen und wurde beäugt. »Ja, auch die Unterhose!« Heben Sie mal Ihre Hoden!« Die Ärzte oder was das für Typen waren – ich erlebte sie als Mischung aus Sadisten, Ignoranten, Neurotikern – behandelten mich spöttisch, distanziert. Sie sagten mir mit jedem Blick und Wort: »Du bist Abschaum. Ein Wurm.« Die Würde des Menschen wurde hier mit kalten Fingern und noch kälteren Blicken angefasst. Ekelhaft. Erniedrigend.

Sie brachten mich auf Station A, Zelle A 118. Ich bekam ein Paket mit Handtuch, Betttuch, Klopapier, die Tür knallte zu. In Zelle A 115, erfuhr ich wenig später, saß Thomas Middelhoff, der ehemalige Bertelsmann-Chef. Ein Trost war das nicht.

Da saß ich also. Helge Achenbach, einer der größten Kunsthändler der Welt, mit glänzend laufenden Geschäften, kurz vor einer fantastischen Brasilienreise, kurz davor, die Nationalmannschaft hautnah erleben zu dürfen, vor millionenschweren Projekten, in einem vergitterten, grauen Zimmer. Ohne Ausgang. Ohne Würde. Ohnmächtig. Wütend. Nach Luft schnappend wie ein Fisch auf dem Trockenen. Hilflos. Bodenlos. Hätte ich wenigstens im Boden versinken können!

Plötzlich ging die Tür auf, zwei riesige, grobschlächtige Beamte stampften herein, schmissen mir Pfändungsbescheide hin und sagten: »Nur, dass Sie Bescheid wissen. Es ist alles beschlagnahmt. Ihre Firmen, Bankkonten, Ihre Kunst, Ihre Häuser, alles.«

Klar, Knast reicht nicht. Alles weg. Keine zehn Firmen mehr. Keine »Monkey's«-Restaurants. Keine Häuser. Keine Oldtimer. Keine

Kunst. Ich soll meine Kunden ja um 60 bis 120 Millionen betrogen haben! Dabei waren es höchstens 10, und die Kunst der Albrechts war schon jetzt das Doppelte wert! Alles weg. Futsch. Ein Knall, bum, tschüs, das war's.

Mir dämmerte, dass der Zugriff akribisch geplant war. Im August 2013 hatte ich diesen alarmierenden Brief von Babettes Anwälten bekommen, die Forderung nach den Originalrechnungen. Hatte meinem Anwalt erzählt, was wirklich Sache war.

Spätestens ab da wurde ich wohl komplett auf den Kopf gestellt. Laut Gerichtsakten wurde ich ab April 2014 auch abgehört. Jeder meiner Schritte, jede Mail, jedes Telefonat, jede Reise wurde von den Ermittlungsbehörden registriert.

Die Behörden dachten vermutlich nach meiner Festnahme, ich hätte noch irgendwo einen Schatz vergraben, es gebe noch Millionen. Da hatten sie sich allerdings getäuscht: Ich habe immer alles ausgegeben und investiert. Und rechnete nicht damit, irgendwann im Gefängnis zu landen. Warum nicht?

Da war dieser Hinweis meines Anwalts, der meinen Betrug nicht für einen Betrug hielt. Aber natürlich auch meine Selbstwahrnehmung, eine Art Selbstschutz. Ein hybrides Gefühl, ich hätte ja eigentlich niemandem geschadet.

In der Zelle kam ich mir vor wie ein umzingeltes Raubtier, das angeleuchtet wird und weiß: »Wenn du dich jetzt bewegst, wirst du erschossen. War es das jetzt? Aus, vorbei? Wäre ab heute jeder Tag ein Tag zu viel? Alles sinnlos? Schluss machen also? Das wäre das Allerletzte: dich aufhängen und deine Familie zurücklassen mit deiner Scheiße. Bleibe ruhig. Warte ab. Der Anwalt hat gesagt: ›Vielleicht nur ein paar Tage.‹« Solche Gedanken geisterten durch mein zerschossenes Hirn, als ein Wärter die Zellentür aufschloss und zwei Mitgefangene um 17 Uhr das Abendessen verabreichten: einen Teller mit einem Klacks Quark und ein paar Scheiben Graubrot. »Haben Sie ein bisschen Butter?« – »Nein!« Die Tür knallte zu.

35. »SIE SIND WIE PIPPI LANGSTRUMPF«

Von Wahrheit und Wahrhaftigkeit: Sinnsuche im Knast

JVA Essen, ab Juni 2014. Nach einer zeitlosen Zeit der Schockstarre drückte ich die Klingel. Ein Wärter mit Glatze und freundlichen hellblauen Augen schloss auf. Wir kamen ins Gespräch. Ich erzählte von Brasilien, der Nationalmannschaft. Ob es eine Chance gebe, einen Fernseher zu bekommen. Müsse er schauen, sagte er. Eine halbe Stunde später kam er mit einem kleinen Radio zurück, mit Drehknopf, Modell 80er-Jahre. Fernseher vielleicht später. Die Radiosender gingen nur rauschend rein, aber immerhin: eine Verbindung zur Außenwelt! Ich guckte durch das Gitterfenster in den Innenhof. Überall Mauern und Tristesse. Ich putzte die Zähne, wusch mich ein bisschen und fühlte mich ekelhaft, stinkend, schäbig, trostlos, bodenlos. Ein Fisch auf dem Trockenen. Vermisste die Kinder, vermisste Dorothee, vermisste das Leben, spürte nur Panik.

Was passierte jetzt in Brasilien? In Wien? Für 9 Uhr an diesem Morgen war das Treffen mit den Bankern in Wien anberaumt, es sollte um Details für den Verkauf der Sammlung Essl gehen. Die Banker saßen jetzt im Besprechungsraum und warteten, ließen mich anrufen. Später sagte mir einer der Mittler, er habe sich sehr gewundert: Der Achenbach sei doch sonst immer pünktlich gewesen. Auf diesem Weg möchte ich mich bei allen Beteiligten entschuldigen, dass ich die Verabredung nicht einhalten konnte – und vor allem für die Ursache meines Fernbleibens. Für Herrn Essl war das Ganze besonders unangenehm, weil er sich auf meine Unterstützung verlassen hatte.

Ich saß in der Zelle und sah Masken und Dämonen, Oliver Bierhoff und den brasilianischen Unternehmer, Babette Albrecht, deren Anwalt und diesen Berater, den ich ein paar Jahre zuvor noch von der Straße geholt hatte, verzerrt, als Teufelsgesichter. Kein Schlaf, nur Delirium. Zwischendurch: Wut. Einsicht? Nein. Wut. Zorn. Rachegefühle. Tränen.

Natürlich wusste ich, dass ich etwas getan hatte, was nicht rechtens war. Aber ich hatte erst mal nur meine Version von der Geschichte im Kopf: »Da gibt dir jemand ein Budget von vielen Millionen und bietet nur 5 Prozent Provision. Du besorgst ihm einen Richter für 12 Millionen, der inzwischen 20 oder 30 (und heute 40) Millionen wert ist. Du garantierst ihm Rückkäufe samt Verzinsung. Und dann das? Wegen ein paar überhöhter Rechnungen? Knast? Alles zerschlagen? Dein Leben am Ende? Das kann doch alles nicht sein!« So dachte ich.

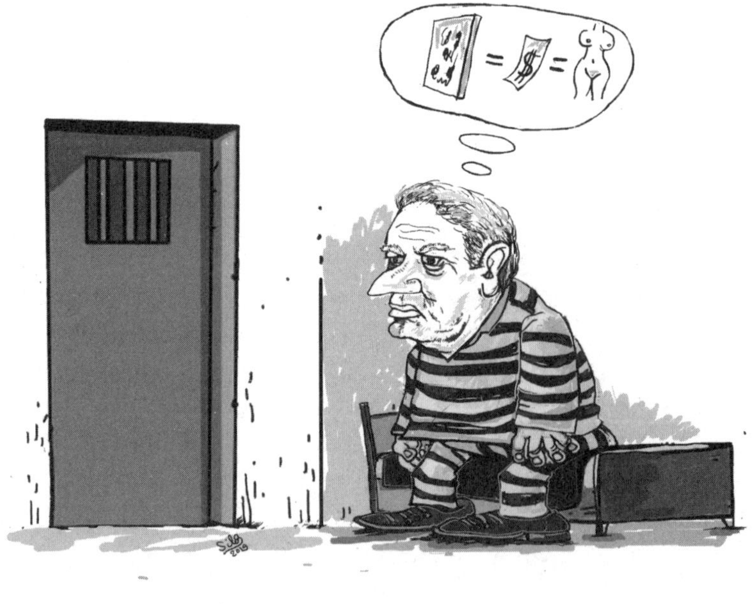

Heute weiß ich: Ich habe mir nach der Inhaftierung etwas vorgemacht, fühlte mich betrogen, verfolgt, gedemütigt. Meine Psychologin und Gefängnispfarrer Michael Lucka erklärten mir, dass das ein häufig zu beobachtendes psychologisches Phänomen sei. Selbstschutz. Macht fast jeder Inhaftierte so. Die Psychologen und Seelsorger in Gefängnissen erleben diese Reflexe täglich: Ich war es nicht. Ich bin unschuldig. Das ist alles nur ein Missverständnis.

Im Rückblick waren meine Reaktionen absurd. Aber das Gehirn funktioniert nicht analytisch, wenn du völlig unerwartet aus dem prallen Leben gerissen wirst und dir von einem Wärter mal kurz hingerotzt wird, dass dein gesamtes Vermögen gepfändet ist.

Am nächsten Morgen ging um 6 Uhr das Neonlicht an. Ein Wärter kam rein, brüllte: »Frühstück! Teller nicht sauber! Gibt nichts!« – »Doch, Moment! Ich mache ihn sauber!« Kriegte dann doch noch Brot, Margarine und einen Klecks Quark. Fragte: »Gibt es auch Kaffee?« – »Nein!« Das war hier also der Room Service. Gute Gelegenheit, um endlich abzunehmen. Wenig später öffnete sich die Tür und die zwei Essensträger brachten mir eine Dose mit Pulverkaffee und einen Tauchsieder. Licht und Schatten wechselten sich also auch hier ab.

Nach dem Frühstück ging es zum Duschen. Ich erkannte den Junkie, den Kleinkriminellen, die Clanbrüder, den Zuhälter, den Rocker. Mein Auge war noch geschult von meinem studentischen Anerkennungsjahr als Sozialpädagoge in der JVA Siegburg. Unter der Dusche starrten die Männer mich an. »Wo kommst du her?« Ich schwieg. Verblüffte Gesichter. Zwei Stunden später der erste Freigang. Ein Typ rief über den Hof: »Hey, du bist doch der Achenbach. Der ›Monkey's‹-Mann! Ich bin ein Kollege, habe Aktien von der ›Monkey's‹-Gesellschaft. Kneipier aus Essen, handele auch mit Kunst. Wegen Steuerhinterziehung hier, und du?« – »Weiß ich nicht«, brummte ich. »Soll den Aldi-Erben betrogen haben.« – »Respekt, hoffentlich hast du sie ausgenommen wie Weihnachtsgänse!« Ein anderer Typ bot mir ein Handy an. »Ne, kein Interesse.« Ob ich Drogen bräuchte. »Ach, lasst mich doch alle in Ruhe.«

Am Nachmittag kam mein Anwalt. Er sagte: »Wir legen keine Haftbeschwerde ein, aber ich hoffe, Sie sind in zwei Wochen wieder draußen. Hoffe, dass wir das alles wieder hinkriegen.« Keine Haftbeschwerde? Warum nicht? »Fluchtgefahr. Keine Chance.« Ich sank noch tiefer in mich zusammen. Er hoffte, dass wir das alles hinkriegen, wirklich? Ja, es gebe eine Chance. Ein Gespräch mit dem Richter. Eine Freilassung auf Kaution. Ich wollte ihm glauben und konnte es nicht.

Langweilig war der erste Knasttag nicht. Später kam noch eine Psychologin. Wenn ich wollte, könnten wir reden. Ich wollte. »Wie fühlen Sie sich?« – »Betrübt, schlecht.« – »Kennen Sie die Vorwürfe?« – »In etwa. Bin schockiert. Schwierig, kann nicht drüber sprechen.« – »Kommen Sie mit der Situation klar?« – »Ja.« Wenn ich Nein gesagt hätte, hätten sie es vielleicht so gemacht wie bei Thomas Middelhoff – Lebendkontrolle jede Viertelstunde, jede Nacht. Psychoterror. Der arme Hund. Middelhoffs Bruder hatte sich umgebracht, Thomas Middelhoff galt als selbstmordgefährdet. Zwei Insassen nahmen sich während meiner Haftzeit in der Zelle das Leben.

»Wissen Sie, warum Sie hier sind?«, fragte mich Michael Lucka am nächsten Morgen. »Nein, nicht so richtig. Das heißt, ich kann es mir denken. Aber ich hoffe, das klärt sich über meinen Anwalt.« Der Pfarrer zog die Augenbraue hoch und sagte: »Das sagt jeder, der hierherkommt. Leider passiert es fast nie, dass jemand schnell wieder draußen ist. Glauben Sie, die Anwälte der Leute, mit denen Sie es zu tun haben, hätten das nicht gut genug vorbereitet?« Ich sank innerlich zusammen.

Lucka erzählte mir vom gesellschaftlichen Leben im Gefängnis. Dem Chor und Gottesdienst jeden Dienstag, seiner Gesprächsgruppe. Wollte ich alles machen, auch wenn ich weiter hoffte, dass er sich täuschte. Dass ich in zwei Wochen zur Nationalmannschaft nach Brasilien fliegen würde. Spätestens zum Finale.

Michael Lucka wurde in den nächsten Jahren zu einem meiner wichtigsten Gesprächspartner. Ich erzählte ihm in den vielen Monaten der Haft von meinen Ideen für die Zeit danach. Wollte mit einem VW-Bus die Balkanroute der Flüchtlinge in entgegengesetzter Richtung bis Syrien fahren. Einen Verein für geflüchtete Künstler gründen. Wir entwickelten Ideen, er gab mir Bücher. Biografien von Gandhi und Mandela oder Gedichte von Bonhoeffer. Diese Menschen waren Helden, die für ihre aufrechte Haltung in den Knast gegangen waren. Nicht, weil sie sich krumm gemacht hatten.

Nach und nach sickerte das Schuldbewusstsein ein. Ja, den Menschen hatten meine überhöhten Rechnungen nicht wehgetan, ja, die Kunst war inzwischen viel mehr wert. Ja, ich hatte immer mündlich vereinbarte Rückkaufgarantien gegeben. Klar, ich hatte in einer Szene manipuliert, in der das sehr viele Menschen tun. Und trotzdem, diese Rechnungen waren nicht die Collagen eines Künstlers. Das war kein Spiel, das war Betrug. Ich saß nicht zu Unrecht hier.

Relativ schnell kam ich in den Chor, der sehr beliebt ist. Der Chorleiter spielte E-Piano, wir spielten mehr Rockmusik als Kirchenmusik, auch Middelhoff sang mit, er hat eine sehr schöne Stimme, Bariton, ich habe einen dunklen Bass, treffe aber nicht jeden Ton. Manchmal spielte ich mit Middelhoff und dem Chef der Sportabteilung Skat, regelmäßig trafen wir uns beim Sport. Wir gingen freundlich miteinander um, wir wussten, dass wir in der gleichen Lage waren, das war's.

Im Chor und Bibelkreis waren wir ein bunter Haufen aus Kleinkriminellen und Schwerverbrechern. Singen tat gut. Der Bibelkreis auch. Viele fanden im Knast einen Weg zum Glauben.

In der Kirche betete ich jetzt jeden Dienstag das Vaterunser. In der Zelle las ich in einer dunkelblauen Bibel, die ich von Wolfgang, Udo und Dimitri bekam, die seit vielen Jahren regelmäßig sonntags in den Knast kommen und den schweren Jungs was vom lieben Gott erzählen. Die drei sind vom Gideonbund, einer Gemeinschaft, die überall auf der Welt in Hotelzimmern, Krankenhäusern und Gefängnissen Bibeln verteilt, vor allem da, wo die Verzweiflung besonders groß ist.

In der JVA Essen sprachen wir jeden Sonntagmorgen um 10 Uhr miteinander – sie erzählten von der Drogenabhängigen, die es über den Glauben schaffte, clean zu werden, vom Gewalttäter, der sich mit der Opferfamilie aussöhnte und um Verzeihung bat. Man nennt das wohl Missionsarbeit – aber die Geschichten, die die drei den gebannt lauschenden Insassen erzählten, kamen gut an. Ich bin überzeugt, dass der Gideonbund gerade im Knast wichtige Arbeit leistet. Und zwar nicht, weil er Menschen zum Christentum bekehren will. Sondern, weil die Mitglieder zu den Gefangenen kommen und ihnen Geschichten vorlesen, die zeigen, dass Vergebung möglich ist. Für mich sind diese Menschen, die den Gefangenen auf der ganzen Welt auf Augenhöhe begegnen und die Hand reichen, die wahren Helden. Übrigens nicht nur im Gefängnis. Sie begleiten die ehemaligen Häftlinge auch nach der Entlassung und unterstützen sie bei ihrem Weg zurück ins Leben.

Ich wurde nicht zum gläubigen Christen, las aber gern im Neuen Testament oder in dem Buch *Der Klang* von Martin Schleske, einem tiefgläubigen Geigenbauer, der für eine Lesung auch ins Gefängnis kam. Schleske schreibt von Irrwegen, von der Suche nach dem richtigen Holz und Klang, von Achtsamkeit für kleine Dinge, für das eigene Handeln und für Menschen, von Fehlern und Vergebung, davon, was wir für Wahrheit halten – und was Wahrhaftigkeit bedeutet.

Mit dem Pfarrer redete ich immer wieder über den Unterschied von Wahrheit und Wahrhaftigkeit. Er verglich mich mit der Kinderbuchheldin Pippi Langstrumpf. Lucka meinte, ich mache mir die Welt, wie sie mir gefällt. Locker, leicht, ohne Grenzen, arglos wie ein Kind. Mit allen positiven wie negativen Begleiterscheinungen.

Wahrheit ist immer ein Konstrukt, sie liegt begründet in der eigenen Perspektive, in einer Version, auf die man sich einigt, im täglichen Miteinander, bei der Arbeit, zu Hause, aber auch vor Gericht. Wahrhaftigkeit dagegen ist eine Grundhaltung, das eigene Verhältnis zur Wahrheit. Wer wahrhaftig ist, versucht, der zu sein, der er wirklich ist. Und versucht zu ergründen, was das bedeutet. Bist du gerade wahrhaftig? Wer wahrhaftig sein will, überprüft, was er bislang für wahr gehalten hat. Er blickt nach innen und geht mit sich ins Gericht. Die Frage nach der eigenen Wahrhaftigkeit begleitet mich seit der Zeit im Gefängnis beständig. Eine Erkenntnis aus dieser Zeit ist, dass ich irgendwann meinen Kompass verloren habe. Habe zu viel auf andere geschaut, Meinungen anderer übernommen, andere gefragt, wie sie etwas finden. Statt darauf zu hören, was mir meine innere Stimme sagt. Das hat etwas mit meiner Sucht nach Anerkennung zu tun, aber auch damit, dass man als Chef verschiedener Unternehmen vor allem die großen Linien zieht – bei den Details habe ich immer auf mein Team vertraut, Experten um Rat gefragt.

Ich glaube, so geht es vielen Konzernchefs und Topmanagern: Sie machen die großen Verträge, wissen aber irgendwann kaum noch etwas von der Arbeit an der Basis – und verlieren das Gefühl für den richtigen Maßstab. Weil sie ja vor allem die großen Deals abschließen und die Rechnungen mit den Millionenbeträgen sehen.

Im Knast wusste nach ein paar Tagen jeder, wer ich bin: »Der Aldi-Betrüger.« Für manche klang das nach Robin Hood. Für andere nach viel Geld. Es verschaffte mir auf jeden Fall Respekt. Einige glaubten, bei mir sei was zu holen. In Gefängnissen sind Zigaretten das beliebteste Zahlungsmittel – bei mir dachten einige, ich sei mit einem Sack Geld in die Zelle gekommen.

Bis heute denken einige Jungs, die mit mir im Knast waren, bei mir sei was zu holen.

Die Beamten, von denen nach einigen Wochen natürlich jeder wusste, wer ich war, testeten mich: Während meiner Zeit als Sportwart putzte ich die Klos, fegte den Übungsraum, säuberte die Duschen. War völlig okay, ich hatte kein Problem damit. »Sie haben aber was vergessen«, sagte ein Angestellter, als ich mit den Männerklos durch war. »Was denn?« – »Die Handschuhe! Sie müssen das nicht ohne Gummi machen!« Ich fiel in sein Gelächter mit ein.

Beim Bibelkreis und beim Essen hörten die Inhaftierten mir zu. Ich beschloss, einen Kurs in Kunstgeschichte zu geben und las Bücher über die Epochen vor der Moderne – ich kannte Rembrandt und da Vinci, hatte aber viele Wissenslücken. Zu Hause hatte ich von Dorothee, einer promovierten Kunsthistorikerin, oft Nachhilfe erhalten. Wie oft hatte sie sich über mein Halbwissen lustig gemacht. Es war toll, wie wissbegierig die Häftlinge waren, Fragen stellten, schließlich auch selbst malen lernen wollten.

In den ersten Monaten der Untersuchungshaft saß ich 23 Stunden pro Tag in der Zelle. In dieser Zeit malte ich Bilder für kleine Kalender, die ich meiner Familie und Freunden schickte.

Den begehrten Job als Sportwart bekam ich nach der Verurteilung und zehn Monaten U-Haft. Dadurch durfte ich täglich in den Kraftraum. Und fühlte mich dafür verantwortlich, dass die Gefangenen dort eine gute Zeit hatten. Für viele wurde ich zum Ansprechpartner und Vertrauten. Der gemeinsame Sport fehlte mir später, als ich in den offenen Vollzug kam.

Durch die Sportstunden nahm ich mehr als 10 Kilo ab. Ich las viel mehr als in Freiheit, schrieb Briefe an Dorothee und die Kinder, dachte nach, freute mich auf die Gespräche mit dem Pfarrer, den Bibelkreis und die Chorprobe und malte voller Inbrunst.

Nie war mein Leben in den letzten Jahrzehnten so überschaubar gewesen, so klein. In mancher Hinsicht tat das gut – es war ein Ausgleich zu dem unüberschaubaren, größenwahnsinnigen Leben in den Jahrzehnten zuvor. Aber ich wurde nicht zum Zen-Buddhisten, der sein Schicksal ganz und gar annahm und nur im Moment lebte. Wut, Scham und Traurigkeit überkamen mich immer wieder. Aber ich nahm den Knast an. Und versuchte, mein Leben innerhalb der Mauern zu gestalten. Dabei halfen auch Briefe an meine Familie und Freunde – und sei es nur, um ihnen immer wieder zu schreiben, wie leid es mir tue, was ich allen angetan habe mit meinen Taten.

Meine Hoffnung auf Haftentlassung gegen Kaution platzte nach einem Haftprüfungstermin mit dem Richter. Er hörte meiner Version des Geschehenen distanziert zu, mein Anwalt war nach dem Treffen so ernüchtert wie ich.

Im Gefängnis hatte ich mich derweil gut eingelebt. Der Pfarrer sagte nach einem halben Jahr: »Man könnte Sie auch in der Wüste ohne Wasser absetzen. Sie kämen mit zwei Kamelen und der hübschesten Tochter des Nomaden wieder raus.« Auch mein Verteidiger staunte über meine Anpassungsfähigkeit.

Die Eigenschaft, im Rahmen des Möglichen zu handeln, ohne zu überlegen, ob das gut oder schlecht, richtig oder falsch ist – zielorientiert, aber ohne moralischen Kompass, hatte mich ins Gefängnis gebracht. Jetzt half mir diese Naivität (»pubertär«, nannte Lucka mich manchmal) klarzukommen. Und um meinen moralischen Kompass zu finden, gab es reichlich Zeit.

Irgendwann gab mir der Pfarrer das Gedicht *Wer bin ich?* von Dietrich Bonhoeffer mit. Bonhoeffer beschreibt darin, dass er in seiner Haftzeit auf andere gelassen und heiter wirke, die Unruhe, die Sehnsucht, das Kranke und Schwache, die dunklen Seiten in ihm sähen die anderen nicht. Meine Ängste und Unzulänglichkeiten zeigte auch ich vor den anderen Insassen nicht. Aber sie brachen in den vier Jahren im Gefängnis nach und nach auf. Wer bin ich? Bonhoeffers Gedicht hing in meiner Zelle, ich las es immer wieder.

Wer bin ich? Sie sagen mir oft,
ich träte aus meiner Zelle
gelassen und heiter und fest,
wie ein Gutsherr aus seinem Schloss.
Wer bin ich? Sie sagen mir oft,
ich spräche mit meinen Bewachern
frei und freundlich und klar,
als hätte ich zu gebieten.
Wer bin ich? Sie sagen mir auch,
ich trüge die Tage des Unglücks
gleichmütig lächelnd und stolz,

wie einer, der Siegen gewohnt ist.
Bin ich das wirklich, was andere von mir sagen?
Oder bin ich nur das, was ich selbst von mir weiß?
Unruhig, sehnsüchtig, krank, wie ein Vogel im Käfig,
ringend nach Lebensatem, als würgte mir einer die Kehle,
hungernd nach Farben, nach Blumen, nach Vogelstimmen,
dürstend nach guten Worten, nach menschlicher Nähe,
zitternd vor Zorn über Willkür und kleinlichste Kränkung,
umgetrieben vom Warten auf große Dinge,
ohnmächtig bangend um Freunde in endloser Ferne,
müde und leer zum Beten, zum Denken, zum Schaffen,
matt und bereit, von allem Abschied zu nehmen?
Wer bin ich? Der oder jener?
Bin ich denn heute dieser und morgen ein andrer?
Bin ich beides zugleich? Vor Menschen ein Heuchler
Und vor mir selbst ein verächtlich wehleidiger Schwächling?
Oder gleicht, was in mir noch ist, dem geschlagenen Heer,
das in Unordnung weicht vor schon gewonnenem Sieg?
Wer bin ich? Einsames Fragen treibt mit mir Spott.
Wer ich auch bin, Du kennst mich, Dein bin ich, o Gott!

Das Gedicht hat mir sehr geholfen. Ich lese es noch heute ab und zu.

Natürlich gab es im Gefängnis neben viel Zeit zum Nachdenken auch Solidarität und so etwas wie ein soziales Leben. Manche Insassen fragten mich über mein Leben aus, das ihnen vorkam wie ein Abenteuerfilm. Es gab Kerle, die wegen Schwarzfahrens und nicht bezahlter Schulden saßen, und Schwerverbrecher, die Menschen getötet hatten. Gemeinsam war im Rückblick vor allem den Insassen, die längere Haftstrafen bekommen hatten, ihre Selbstbezogenheit – und die Unfähigkeit, sich in andere Menschen hineinzuversetzen. Gefängnisse sind Ansammlungen Hunderter Narzissten auf engem Raum – Menschen, die den moralischen Kompass auch deswegen verloren haben, weil sie besoffen von sich selbst sind. Ich nehme mich da nicht aus – war mir aber im Gegensatz zu vielen Knackis zumindest im Klaren darüber.

Nun hatte ich auch draußen regelmäßig mit narzisstisch geprägten Charakteren zu tun: Die Quote bei Topmanagern, Vorstandsvorsitzenden und Wohlhabenden aller Art ist hoch, das ist sogar wissenschaftlich belegt. Es war trotzdem bizarr zu hören, auf was viele Gespräche beim Freigang, Essen oder Sport hinausliefen: »Hat der Aldi-Betrüger noch Kohle? Kann er mir irgendwie nützlich sein, auch wenn ich irgendwann rauskomme?« Ich bin noch nach meiner Entlassung mehr als einmal von ehemaligen Häftlingen »angehauen« worden, ob ich nicht helfen könne, in einem Fall wurde es ziemlich penetrant. Narzissten sind oft nur auf ihr Wohlergehen fokussiert. Deswegen überschreiten sie die Grenzen von Gesetzen und die Codes von sozialem Miteinander deutlich öfter als andere Menschen.

36. AUSSER KONTROLLE
Versuch einer schonungslosen Markt- und Selbstanalyse

Wie kam ich eigentlich ins Gefängnis? Wie wurde aus einem Menschen, der kaufmännisch handelte, dem es aber immer auch um die Förderung der Kunst ging, ein Grenzgänger, der die Grenzen schließlich überschritt? Das starke Bedürfnis nach Anerkennung und Liebe, das irgendwann stärker war als der Anstand, ist das eine. Auf der anderen Seite ist da ein Markt, der Geschäfte im Grau- und Schwarzbereich zumindest begünstigt, sodass man leicht in Versuchung gerät. Je größer die Versuchung, desto mehr Einfluss hat man: Beim Weg nach oben hat mir mein Gefühl für Menschen geholfen. Ich habe ihnen zugehört, schnell gespürt, was sie sich wünschen. Die soziale Fähigkeit, auf Menschen einzugehen, ist zwar geblieben. Mit zunehmendem Einfluss kam aber das Selbstverständnis dazu, dass die Dinge so laufen müssten, wie ich sie mir vorstelle. Es ist in vielen sozialwissenschaftlichen Studien erwiesen worden, dass Menschen mit relativ viel Macht sich selbst überschätzen, öfter Affären haben (weil es Gelegenheiten dazu gibt), öfter Steuern hinterziehen (habe ich nie gemacht, die Buchhaltungen aller meiner Firmen waren ordentlich, das haben auch die Gerichte später festgestellt), öfter Grenzen überschreiten, um zum Ziel zu kommen.

Der Kunstkritiker Georg Seeßlen hat in einem Interview nach meiner Festnahme gesagt: »Wahrscheinlich gibt es auf diesem Markt Hunderte kleine Achenbachs, und Tausende Möchtegern-Achenbachs.« Er sagte, dass Grenzüberschreitungen und eine Loslösung von gesellschaftlichen Moralvorstellungen weniger auf Menschen wie mich zurückzuführen seien als auf »die Struktur eines überhitzten Marktes«.

Sicher recht hat Seeßlen mit seiner Einschätzung, dass der Markt in den vergangenen Jahrzehnten die allgemeinen Vorstellungen vom Wert der Kunst massiv verändert hat. Kunst wird immer stärker nach ihrem Preis bewertet, frei nach dem Motto: Was teuer ist, ist auch gut.

Eine Zeit lang hat das tatsächlich gestimmt – in den Jahren, als die Diskurse über Kunst den Wert der Werke bestimmt haben, in den 70ern und 80ern zum Beispiel, vielleicht auch noch in den 90ern. Es war kein Zufall, dass Gerhard Richter zu einem der teuersten Künstler der Gegenwart aufgestiegen ist: Er wurde nicht in den Markt gepusht und künstlich gehypt, seine Entwicklung verlief stetig – sein außergewöhnliches Talent und seine neuen Perspektiven standen nach einigen Jahren außer Frage.

Inzwischen definiert vor allem das Kapital den Wert von Kunst – gleichzeitig teilen die Vermögenden die materiell wertvolle Kunst unter sich auf. Künstler wie Jeff Koons und Damian Hirst sind Protagonisten dieser kapitalgetriebenen Kunstwelt – sie denken marktorientiert, andererseits halten ihre zum Teil kitschigen Werke den Konsumenten den Spiegel vor, ihre geistige Verarmung und Entfremdung. Man muss Hirsts und Koons' Kunst nicht mögen.

Nachdenklich macht mich, dass viele Menschen sich heute Kultur nur noch erkaufen, um damit neben Wertsteigerung auch Status und Zugehörigkeit zu erwerben. Man sieht das auf Kunstmessen und Vernissagen auch in den gelangweilten, schönheitsoperierten Gesichtern: Hier tummeln sich keine gebildeten Gutverdiener mehr, die die Erlöse aus ihrer Zahnarztpraxis in Kunst investieren – inzwischen findet man dort vor allem Reiche und Superreiche, die schon fünf Villen und drei Jachten haben und für die die Bilder der Malerstars im besten Fall so etwas wie eine erkaufte Ersatzreligion sind.

Die Kunst ist die einzige Ressource, die ihren Wert frei bestimmen kann. Arbeit oder demokratische Wertbestimmung spielen keine Rolle. Damit sind sie eine ideale Projektionsfläche für den Finanzkapitalismus. Nirgends lässt sich besser mit Geld spielen, nirgendwo lässt sich Geld besser verstecken. Die Szene hat längst oligarchische Züge, übliche Marktkategorien werden immer öfter ausgehebelt. Mindestens jeder dritte Bieter, der in einer Auktion sitzt, ist ein Strohmann. Wer sich in diesem Haifischbecken bewegt, egal ob Händler, Galerist oder Künstler, weiß, dass falsches Spiel hier nicht die Ausnahme ist, sondern die Regel. Ich klage das nicht an, ich habe ja mitgespielt. Aber ich bedauere die Entwicklung – und schaue nach vier Jahren im Knast anders darauf als vorher.

Ich bin in der Düsseldorfer Szene groß geworden mit dem Gedanken, dass Kunst die Utopie der Freiheit mit Leben füllt. Dass es Künstlern zumindest in erster Linie nicht ums Reichwerden geht – in den 70ern waren auch etablierte Künstler froh, wenn sie von ihrer Kreativität erst mal leben konnten und nicht nebenher kellnern mussten. Es ging darum, der Welt etwas zu sagen, die Gesellschaft zu kritisieren. Die Bilder von Richter, die Aktionen von Beuys oder Immendorff waren Plädoyers für einen Wandel, für ein anderes Denken, für eine humanere Welt. Die bedeutenden Werke waren Fixsterne für die Freiheit der nächsten Generation. Das war es, warum ich mich zur Kunst hingezogen gefühlt habe – und nicht die Aussicht, Millionär zu werden. Die gab es Anfang der 70er-Jahre auch gar nicht.

Das neue Kunstverständnis ist weniger von der Utopie der Freiheit bestimmt als von der Verheißung einer gewaltigen Rendite. Das gilt zumindest für die Spitze des Marktes, die in den Medien eine überragende Rolle spielt. Wenn wir über Richter, Warhol, Picasso, Matisse, Giacometti, van Gogh und vielleicht 20, 30 andere Künstler sprechen, sprechen wir über 0,0001 Prozent des Kunstmarkts, zu dem vielleicht 0,01 Prozent der Sammler und Galeristen Zugang haben. Und mit denen 50 Prozent aller Erlöse erwirtschaftet werden.

Ich habe früh gesehen, dass man als Kunstberater vor allem mit den Spitzenkünstlern Geld verdienen kann – und mich auf diese konzentriert.

Allerdings bewegte ich mich in einem langsamen Prozess – und habe noch Mitte der 90er-Jahre nicht geahnt, dass zehn Jahre später vor allem russische, arabische und chinesische Oligarchen mit ihren Milliarden Kunst kaufen, und die Kunst, für diejenigen, für die sie eigentlich gedacht ist (nämlich für alle!), kaum mehr erreichbar ist. Und das, weil viele der Privatsammler ihre Werke nicht für Ausstellungen zur Verfügung stellen. Als ich in den 70ern anfing, steckte noch kaum Geld im Kunstgeschäft – ich bin also nicht angetreten, um reich zu werden.

Irgendwann habe ich mich allerdings korrumpieren lassen, habe meine Integrität verloren, bin süchtig geworden nach Größe und Anerkennung. Und das lange Zeit in dem Bewusstsein, nichts Verbotenes zu tun. Mir erging es ähnlich wie dem Radsportler Jan Ullrich, der, nachdem man ihm Doping nachgewiesen hatte, darauf beharrte: »Ich habe nicht betrogen.« Weil ja viele dopten und es gefühlt nur ein paar weiße Schafe gab in der schwarzen Herde.

Einer internationalen Studie zufolge haben Reiche und Superreiche in Skandinavien – Ländern also, die als anständig gelten – im Jahr 2018 ein Viertel ihrer Steuern hinterzogen. Hinterzogen, nicht vermieden. Die mächtigsten Konzerne der Welt, Google, Amazon, Facebook, zahlen in vielen Ländern kaum oder keine Steuern. Die Konzentration von Kaufkraft auf immer mehr Millionäre und Milliardäre sorgt für steigende Erlöse auf dem Kunstmarkt. In den vergangenen Jahren wurde zwar tendenziell weniger verkauft, trotzdem stiegen die Umsätze, weil für die angesagten Künstler immer irrere Preise aufgerufen werden. Ein Richter, Picasso oder Warhol ist längst zur Trophäe geworden – den wichtigsten Sammlern ist es egal, ob sie auf einer Auktion 5 oder 25 Millionen dafür bezahlen.

Viele der bedeutendsten Werke der Gegenwart verschwinden nach dem Kauf in sogenannten Zollfreilagern. Allein in Genf lagern 1,2 Millionen Kunstwerke auf einer Fläche von 22 Fußballfeldern. Waren können dort über Jahre lagern, ohne dass die Besitzer Importzölle oder Steuern zahlen müssten – was dazu führt, dass anonyme Anleger, die mit Kunst spekulieren, ihre bei Auktionen erworbenen Objekte so lange einlagern, bis sie sie gewinnbringend weiterverkaufen.

Dass das Kapital diktiert, wie das Spiel läuft, war allerdings immer so: Schon im Mittelalter hat Geld den Kunstmarkt bestimmt, beschäftigten Könige Hofmaler, war die teure Kunst einem kleinen, elitären Zirkel vorbehalten. Es ist Quatsch, wenn Leute erzählen, in der Kunst seien Leute mit Geld lange Zeit verpönt gewesen, Geld und Kunst hätten früher nichts miteinander zu tun gehabt!

Problematisch ist allerdings, dass die Macht auf dem Markt sich – ähnlich wie bei den global wichtigsten Unternehmen – auf eine Handvoll Player reduziert hat. Dabei reden wir über einen Markt, der 120 Milliarden Euro Umsatz pro Jahr generiert – ungefähr 60 Milliarden über Auktionshäuser und 60 Milliarden über den Kunsthandel. Der Großteil dieses Geschäfts läuft über wenige Auktionshäuser, wenige Galerien, ein paar Großsammler und Spekulanten.

Larry Gagosian soll im Jahr 2018 mehr Umsatz gemacht haben als der gesamte deutsche Kunstmarkt. Der französische Milliardär François Pinault hat das Auktionshaus Christie's gekauft, ihm gehört neben Luxusmarken wie Gucci und Yves Saint Laurent eine der bedeutendsten Kunstsammlungen der Welt. Das Problem ist, dass die Kunst durch die Konzentration auf ein paar globale Player und die absurde Konzentration auf Superstars der Szene zu einem Ersatzlogo von Gucci und Louis Vuitton wird, eitler Lifestyle, beherrscht von Spekulanten. Wenn ich darüber nachdenke, schäme ich mich, dass ich in diesem Becken, das vor Eitelkeit stinkt, versucht habe, der tollste Hecht zu sein.

Wie konnte es so weit kommen?

Vor allem liegt es daran, dass der Markt – ähnlich wie die großen Digitalkonzerne übrigens – fast gar nicht kontrolliert wird. Es fehlen klare Regeln. Die Szene ist eine Blaupause für die Weltwirtschaft. Die Reichen werden reicher, die kleinen Galerien müssen dichtmachen oder darben. Die mächtigen Konzerne wachsen immer weiter, weil ihre Währungen – wahlweise Daten oder Kunst – nicht kontrolliert werden. Aber sie verlieren dadurch auch ihre Würde – und das könnte dazu führen, dass die reichen Sammler irgendwann von der Gesellschaft nur noch verspottet werden (so wie ich verspottet wurde und werde, weil ich den Hals nicht voll bekommen konnte).

Zynisch sind die Mechanismen des Marktes schon lange: Es gibt zwar noch Auktionen, auf denen jeder mitbieten kann. Bevor die Preise hochgetrieben werden, sind die teuren Bilder allerdings längst an die Interessenten verkauft. Real wird der Bieterstreit erst, wenn der vereinbarte Preis getoppt wird. Der Käufer, der vorher eine Garantie gegeben hat, wird am Erlös über den vorher gebotenen Betrag hinaus beteiligt. Die großen Player spielen also fast ohne Risiko. Und scheuen sich trotzdem nicht, Strohmänner auf die Auktionen zu schicken.

Kunst ist heute auch weniger politisch. Die Provokation liegt seit Warhol in der Oberflächlichkeit, siehe Koons oder Hirst. Das kommt dem neuen Sammlertypen zupass, der nicht wie der intellektuelle bürgerliche Sammler früher unbedingt politische Kunst haben möchte, sondern lieber schrille bis gefällige. Koons ist für mich deswegen aber kein schlechterer Künstler. Ich bin überzeugt, dass gerade die monumentalen Objekte von ihm ihren Platz in der Kunstgeschichte bekommen werden – und nicht in einigen Jahrzehnten vergessen sind. Sie sind ein passenderer Ausdruck unserer Zeit als die meisten anderen Kunstwerke. Hirst ist flacher, dekorativer – von ihm wird weniger bleiben, aber auch ein bisschen was; um ganz zu verschwinden, ist er längst viel zu groß.

Kunst ist nicht umsonst der einzige Bereich im Leben, wo das vermeintlich Zynische, Oberflächliche, Kitschige und Traurige schön sein kann. Weil Kunst eine Distanz zu den Dingen schafft, sie transformiert und gleichzeitig fordert: Gib dich dem hin! Setz dich mit dem Kitsch, dem Pomp, der Oberflächlichkeit der Welt und von dir selbst auseinander! Koons selbst weist jeden Zynismus von sich. Aber natürlich stellen seine riesigen glänzenden Hunde die Frage: »Warum brauchen wir Luxus?« Weil wir mit unserer Sterblichkeit nicht klarkommen und Trost suchen?! Mit diesem Spiel ist Koons selbst zu einem der teuersten Künstler der Gegenwart geworden – und zum Symbol der Kunstwelt im globalen Finanzkapitalismus.

Ich habe diesen Luxus gesucht und genossen. Häuser, Autos, schöne Frauen, all das. Es war wie ein Rausch, der niemals enden sollte, als bestünde das Leben nur aus Orgasmen und vorbereitenden Handlungen für den nächsten Höhepunkt. Diese Rauschzustände machten irgendwann nur noch dann Spaß, wenn noch ein seltenerer Oldtimer im Fuhrpark stand, ein noch größerer Deal zustande kam.

Als ich mit meiner ersten Galerie anfing, galt Kunst noch als unschuldig und radikal. In den 70er- und 80er-Jahren entstanden Sammlungen vor allem aus Liebe zur Kunst. Gutbürgerliche Privatleute stotterten ihre Bilderkäufe in Raten ab. Sammler wie der Kölner Reiner Speck kauften Kunst niemals, um später mal einen Schatz zu verhökern. Speck liebte die Kunst, so wie er Marcel Proust liebte und sammelte. Wenn ich heute an die Treibkräfte von Investment und Spekulation denke, sehe ich Superreiche, die Kunst betrachten wie den Besitz von Immobilien. Sie kaufen ein gutes Grundstück, das teurer werden soll. So fingen die Anleger irgendwann an, Künstler ausfindig zu machen, die mit großer Wahrscheinlichkeit im Wert steigen.

Gleichzeitig begannen Kunstberater und Galeristen, viel (Geld) versprechende Künstler zu horten; »cornern« wird das in der Branche genannt. Jose Mugrabi hat das mit Andy Warhol und Basquiat exemplarisch vorgeführt. Reich geworden sind Galeristen und Kunstberater nie mit Verkäufen, sondern, indem sie die richtigen Werke angekauft und lange gehalten haben. Das habe ich lange nicht kapiert – hätte ich zum Beispiel die Sammlung des Düsseldorfer Bankers 20 Jahre behalten, hätte ich mindestens 500 Millionen Euro damit verdient. Oder die 21 Richter-Gemälde von Günter Ulbricht, die ich 1988 für 1,75 Millionen Mark verkaufte. Allein sie sind heute mehr als 100 Millionen Euro wert.

Wenn bedeutende Galeristen heute einen vielversprechenden Künstler übernehmen, steigt automatisch dessen Marktwert. Bevor David Zwirner sich als Galerist um Daniel Richter kümmerte, kosteten Richters Arbeiten 60 000 bis 100 000 Euro. Als Zwirner zwei Richter-Ausstellungen in London und New York ankündigte, stiegen die Auktionspreise auf 150 000 bis 250 000 Euro. Bei den Ausstellungen selbst waren alle Werke Richters vorab für rund 300 000 Euro verkauft. Natürlich ist das irre. Aber der Markt gibt es her. Also wird es gemacht.

Im Sommer 2019 soll A. R. Penck ›wiederentdeckt‹ werden. Es geht um mindestens 300 Werke, die sich im Penck-Nachlass befinden. Drei große Galerien buhlen um die Arbeiten, es entsteht ein munterer Bieterwettbewerb. Die Bilder, die im Moment einen Marktpreis von vielleicht 300 000 Euro haben, könnten bald 1 Million kosten. Die Galerie, die den Nachlass erhalten wird, kann so viele Millionen verdienen.

Ich habe 1989 in meinen Frankfurter Ausstellungsräumen eine Warhol-Ausstellung gezeigt. Vorher hatte ich für ungefähr 6 Millionen Mark Kunst von Andy gekauft. Obwohl es eine fantastische Ausstellung war, wollte niemand meine Bilder kaufen. Das änderte sich erst, als ein südamerikanischer Investor die Ausstellung besuchte. Er schlich durch die Räume, begleitet von einem Berater aus Paris. Nach einer halben Stunde kamen sie zu mir und boten mir exakt meinen Einkaufspreis plus einen kleinen Aufschlag. Ich lehnte erbost ab, fühlte mich ausgenutzt und verkaufte nichts. Der Interessent hieß Jose Mugrabi – der Kolumbianer fing damals an, Andy Warhol zu *cornern*. Durch seine clevere Verengung des Warhol-Marktes würde die Ausstellung von 1989 heute sicher 250 Millionen wert sein.

Mugrabi gehören inzwischen 800 Warhol-Werke, er gehört zu den großen internationalen Playern des Kunstmarkts: Durch die Verknappung der Warhol-Angebote auf dem internationalen Markt hat er die Nachfrage und Preise enorm erhöht. Nach dem gleichen Muster hat er Werke von Jean-Michel Basquiat gekauft. Eigentlich ist es ein simples Muster: Wenn du als Investor in der Lage bist, eine große Cash-Position in einen museumsreifen Künstler zu investieren, kannst du mit künstlicher Verknappung den Markt manipulieren. Angeblich soll Mugrabi über einige Milliarden Cash aus dem Zuckergeschäft verfügt haben. Der Transfer in den Kunstmarkt hat ihm mehrere Milliarden Profit beschert. Das Ganze funktioniert allerdings nur, solange die Menschen an den Wert der Kunst glauben.

Kann die Blase des Kunstmarkts bis ins Unendliche wachsen? Solange der Glaube an Kunst als Investition besteht und immer wieder neue reiche Familien in das Investitionsgeschäft einsteigen, wird der Markt weiter wachsen.

Natürlich fixt der Gedanke an einen stetig wachsenden Markt, eine Wertschöpfung aus dem Nichts, die Hauptdarsteller der Szene an. Auch mich hat die Aussicht auf große Gewinne kirre gemacht – und letztlich verdorben. Ich wollte zu den ganz Großen zählen – auch in dem Bewusstsein, dass nur die Großen überleben, wenn es zu einem globalen Finanzcrash kommt.

Fasziniert hat mich am Kunstmarkt der irre Gedanke, dass sich aus einer Leinwand mit ein paar Farben Millionen machen lassen – etwas eigentlich Wertloses wird mit grenzenlosem Wert aufgeladen, man nennt das Kultur, aber um Kultur geht es eher nicht mehr, und um Moral schon lange nicht mehr.

»Nur Finanzmanager und Künstler können aus Scheiße Geld machen«, hat der Kritiker Seeßlen einmal gesagt. Aus heutiger Sicht würde ich dem zustimmen. Mit aller Hybris und allem Zynismus, die dazugehören. Picasso und Richter sind Genies – aber es gibt auch mittelmäßige Handwerker, Collagierer und Nachahmer, die dank pfiffiger Marketingstrategien ihre Werke für Millionen verkaufen.

Trotz der Pervertierung des Marktes – und obwohl ich selbst die Grenzen von Moral und Gesetz eindeutig überschritten und mich in diesem Markt verloren habe – glaube ich weiterhin an die Kraft der Kunst. Vielleicht sogar mehr denn je, seit ich im Knast war und selbst Malen gelernt habe. Seitdem weiß ich die Sinnlichkeit des Herstellungsprozesses noch besser zu schätzen, die Möglichkeit, Dinge gestalterisch zu verarbeiten, Traurigkeit und Ohnmacht in Schönheit zu verwandeln. »Mit Kunst versucht der Mensch, einen Schritt auf neues Terrain zu wagen«, hat der US-amerikanische Kritiker und Pulitzer-Preisträger Jerry Saltz dem *SZ-Magazin* gesagt. Seine Frau Roberta Smith, Chefkritikerin der *New York Times*, sagte in demselben Interview: »Selbst schlechte Kunst erzählt etwas darüber, was gerade in der Luft liegt.«

Ich glaube, dass der Kunstmarkt sich mit der Gesellschaft in den kommenden 20 Jahren wandeln wird. Die Jugend zeigt über die Fridays-for-Future-Bewegung mit der Schwedin Greta Thunberg an der Spitze oder die mutige Kapitänin Carola Rackete, die mit ihrem Rettungsboot von *Sea-Watch* und Flüchtlingen an Bord ohne Erlaubnis in einen italienischen Hafen gefahren ist, um was es geht: Verantwortung und gesellschaftliche Auseinandersetzung, Kompromisslosigkeit und Ehrlichkeit. Wahrhaftigkeit. Meine Hoffnung ist, dass diese reinigenden Kräfte auch auf den Kunstmarkt wirken.

Die Zeit der alten weißen Männer, der Koons und Gagosians, zu denen auch ich zählte, wird irgendwann vorbei sein. Vielleicht wird sich der Kunstmarkt auch spalten: Hier die dekorative Kunst für Reiche und Superreiche, hier die politische, gesellschaftlich relevante Kunst. Wenn Ólafur Elíasson Eisblöcke vom Nordpol in europäische Innenstädte transportiert und die Menschen beim Schmelzen zuschauen lässt, Zehra Doğan mit Menstruationsblut und dem Chlorophyll von Salatblättern im türkischen Gefängnis auf Zeitungspapier malt, Banksy zur Biennale in Venedig ein Kind mit einer Rettungsweste und einer Seenotfackel auf eine Hauswand am Kanal sprüht, dann hat das eine gesellschaftliche Relevanz und

Kraft, die ein in Formaldehyd eingelegter Hai von Damien Hirst oder ein glänzender Puppy nicht besitzen.

Als »alter weißer Mann«, der die Profitorientierung des Kunstmarkts mit betrieben hat, möchte ich jetzt einen kleinen Beitrag zum Wandel leisten.

Denn für mich gehört Kunst nach wie vor zum Leben, genau wie das Atmen. Wie sich durch Bilder und Skulpturen Trauer und Ohnmacht in Schönheit verwandeln lassen, erlebe ich täglich auf dem Bauernhof unseres Vereins Culture without borders, wenn der syrische Künstler Yahia Papierbilder von seiner Flucht übers Mittelmeer herstellt; wenn Koko Bi, ein in seinem Heimatland Elfenbeinküste sehr bekannter Künstler, hier die Skulptur eines riesigen hölzernen Boots mit Flüchtlingen fertigt. Koko Bi arbeitet auch als Botschafter für unser Projekt in Afrika, stellt Kontakte zu Künstlern in Kriegs- und Krisengebieten her. Wenn Zehra Doğan mir ihre Zeitungsbilder aus dem Gefängnis zeigt, weiß ich: Sie hat etwas zu sagen, ihre Bilder müssen gezeigt werden. Oder wenn meine Freundin Bilder über die Vertreibung aus ihrer Heimat Litauen während des Zweiten Weltkriegs malt. Wer weiß schon, dass Hitler und Stalin in den sogenannten Bloodlands in Osteuropa vor und während des Kriegs weit mehr Menschen ermordeten als in Deutschland?

Die Kunstszene hat bis vor einigen Jahren kaum nach Afrika und Asien geschaut – ein Beispiel für die Engstirnigkeit eines Markts, der vor allem finanzgetrieben ist. Jetzt habe ich im Kleinen die Möglichkeit, Künstler aus Krisengebieten und Entwicklungsländern zu unterstützen, ihnen Ateliers, Ausstellungen und Öffentlichkeit zu ermöglichen. Hier kommt die Kunst zu sich: Menschen, die um ihr Leben betrogen wurden, die einfach nur das Pech hatten, dort zu leben, wo sie lebten, machen sich auf den Weg, drücken sich aus, klagen an, finden Trost in der Kunst.

Und wir helfen mit unserem Verein ein bisschen dabei, sie sichtbar zu machen.

37. VOM HÄNDLER ZUM MALER

Erneute Rettung durch die Kunst

JVA Essen, ab Sommer 2014. Als ich erfuhr, dass in der JVA Essen Malkurse angeboten werden, meldete ich mich sofort an. Der Kurs war ein großes Glück – und das lag vor allem an der Künstlerin, die uns anleitete: Anne Berlit zeigte mir nicht nur grundlegende Maltechniken, sie lehrte mich auch, dass es Geduld und Achtsamkeit braucht, um ein gutes Bild zu malen. Als Unternehmer und Berater hatte ich immer die großen Striche vorgegeben – ausgearbeitet hatte die Ideen und Konzepte ein Team. Von Anne Berlit lernte ich, wie wichtig es ist, ein Projekt langfristig zu denken, dranzubleiben, auf winzige Details zu achten, Farben und Perspektiven zu überdenken.

In dem Kurs waren Drogenabhängige, ein Rocker, ein Mann, der seine Frau umgebracht hatte, und ich. Einige wollten lernen, wie man einen Totenschädel zeichnet, ein Rocker wollte ein Bild seiner Familie zeichnen. Ich interessierte mich für Stillleben, um einen Gedichtband zu illustrieren – vor allem aber genoss ich den Umgang mit den Farben, die Möglichkeit, mich in Bildern auszudrücken.

Ich hatte als junger Mann immer mal wieder versucht zu malen, mich aber nie für talentiert genug gehalten. Jetzt ging es nicht um Talent, es ging nicht darum, gut zu sein und mich zu vergleichen – Anne zeigte mir, dass es gleichzeitig erdend und befreiend sein kann, Landschaften zu gestalten, die Traurigkeit ausdrücken, Offenheit und Hoffnung.

Im Malkurs fing ich an mit kleinen Zeichnungen und Aquarellen auf Papier. Vorstellungen von Landschaften, inspiriert von Gedichten. Anne hat sie mit mir besprochen, wir haben sie zusammen sortiert und die schönsten für einen Gedichtband ausgewählt, den ich – zusammen mit den Zeichnungen – an Weihnachten meiner Familie und meinen Freunden schenkte. *Bilder der Stille* nannte ich die ersten Versuche, weil im Gefängnis oft solch eine Stille herrschte, dass es kaum auszuhalten war. Die Gedichte stammten von Rilke, Hesse, Rose Ausländer und Dorothee Sölle. Ein kleines Gedicht schrieb ich in der Zelle auch selbst.

Stille – in der nur die Hoffnung bleibt,
Du fühlst Dich wie aus dem Himmel gefallen,
unsanft gelandet, auf steinigem Grund.
Erste Momente, nur Schrecken und Trauer, Albträume.
Dann das Erwachen, alles ist wahr.
Hoffnung bleibt, dass nicht alles verloren geht.
Stille – warten auf Zeichen von draußen, was macht Deine Liebe,
die Familie, die Freunde.
Dann der erste Besuch – Vorfreude.
Respekt vor dem Wiedersehen.
Die Zeit verrinnt. 1 Stunde wie 10 Minuten.
Am Ende bleibt eine Sehnsucht, nach Verständnis, Liebe, Wärme und Freiheit.
Stille – warten auf Briefe. Botschaften von draußen.
Stille – Träumen von Freiheit, von Liebe, von Zukunft.
Wir brauchen Geduld. Brauchen Kraft für die Stille. Unsere Erinnerungen machen uns stark. Unser Glaube an Liebe, an Freundschaft, an Gott sind unsere Stützen. Auch in der Stille. Auch in unserer Zelle.

Die Stille tat gut. Ich war weg von dem kreischenden Getöse auf diesem irren Markt – und merkte langsam, wie sehr ich mich darin verloren hatte. Nur in der Stille und Abgeschiedenheit hatte ich die Chance, wieder zu mir selbst zu finden. Und Malen war eine gute Möglichkeit, Gedanken in Bilder zu transformieren.

Natürlich habe ich mich auch beim Malen auf Dauer nicht mit kleinen Zeichnungen zufriedengegeben. Ich wollte auf Leinwände malen – Großformate schaffen. Als ich damit anfing, wollten die anderen Häftlinge im Kurs das auch. Anne musste jetzt auf ihr Budget achten, das große Leinwände nicht vorsah.

Anne brachte mir bei, beharrlich an einem Bild zu arbeiten. An dem Bild *Spirit of freedom*, einer Berglandschaft, habe ich schließlich ein halbes Jahr gesessen. Es wurde später zugunsten der Flüchtlingshilfe Düsseldorf bei VAN HAM versteigert und brachte 1677 Euro. Wenn man bedenkt, dass ich später einige Großformate zugunsten unseres Vereins für das Fünffache verkaufte, war das ein viel zu geringer Preis, wie Anne meinte. Aber die Rechnung Kunst plus Qualität gleich hoher Preis geht bekanntlich längst nicht immer auf – es wird immer seltener.

Ums Verkaufen ging es mir beim Malen in keiner Sekunde. Es ging um Konzentration, Reflektion und Ausdruck. So etwas wie Therapie.

So hat Anne Berlit mir beigebracht, wieder zu laufen. In einer Phase, in der fast niemand zu mir stand.

Später gab ich im Knast Kurse in Kunstgeschichte. Als ich Anne vorschlug, dass ich den Insassen doch regelmäßig Unterricht geben könnte, war sie zuerst skeptisch. Sie gab mir das Standardwerk *Die Geschichte der Kunst* von E. H. Gombrich und *Die Geschichte der Kunst im 20. Jahrhundert* von Uwe M. Schneede. Sie wollte, dass ich nicht nur über meine eigenen Erfahrungen auf dem Kunstmarkt spreche, sondern mir erst mal Wissen anlese. Ich kam mir vor wie ein Schuljunge – anders als in der Schule sog ich die Informationen allerdings begierig auf.

In Kunstgeschichte hatte ich trotz 40 Jahren in der Szene, nun ja, größere Lücken. Aber vielleicht war es ganz gut, dass ich nicht das Wissen eines Uni-Dozenten hatte: Viele der Jungs hatten auf jeden Fall Spaß, sie waren neugierig, lauschten andächtig – und stellten Fragen, die ich mehr als einmal nicht beantworten konnte. Im Kurs sprach ich zum Beispiel über »Die Frauen in der Kunst«, Porträts, Landschaften und Stillleben. Das Theoretische mischte ich mit meinen erlebten Geschichten. Schnell kam die Idee auf, eine gemeinsame Ausstellung zu machen, die Bilder vielleicht zu verkaufen – an leichter Selbstüberschätzung litt in der Gruppe nicht nur ich.

Es war schön zu erleben, dass Menschen, die in ihrem ganzen Leben bisher nichts mit Kunst zu tun gehabt hatten und, wenn überhaupt, höchstens einen Hauptschulabschluss besaßen, sich für die Bilder von van Gogh und Picasso begeistern ließen. Dass ganzkörpertätowierte Rocker ganz offensichtlich nicht nur schwere Motorräder fahren und mit Frauen handeln konnten, sondern schnell ein bisschen weicher wurden, wenn sie selbst zum Pinsel griffen. Als Freigänger fragte ich die Besitzerin eines Malereigeschäfts, ob sie den Malkurs nicht mit Farben unterstützen könne – einige Tage später erhielt die JVA ein riesiges Paket mit feinen Pigmenten, was zu einem kleinen Eklat führte. Vorteilsnahme, hieß es schnell. Vielleicht war ich auch da naiv. War es nicht erlaubt, dass ein Mensch, der das gern tat, dem Gefängnis Farben für seine Malkurse zur Verfügung stellte?

Als Freigänger besuchte ich Anne Berlit regelmäßig in ihrem Atelier in Essen, wo wir gemeinsam malten. Sie half mir beim Aufbau unseres Vereins, für den sie große Begeisterung zeigte. Als ich ihr erzählte, dass sich wieder Sammler meldeten und beraten werden wollten, mahnte sie, ich solle bloß nicht versuchen, in mein altes Leben zurückzukehren.

Geholfen hat mir im Gefängnis auch eine sehr empathische Gefängnispsychologin. Wie Pfarrer Lucka und Anne schärfte sie meinen Sinn für die Realität. Ihr meine Lebensgeschichte zu erzählen, erleichterte mich – ihre vorsichtigen Hinweise, dass meine Wahrnehmung nicht die einzige Perspektive auf das sei, was geschehen war, öffnete mir die Augen. Vor allem stellte sie Bezüge her – von den Verkäufen von Aktfotos auf dem Schulhof zum Verkauf von Sammlungen und den fingierten Rechnungen. Sie half mir, mich mit der Frage auseinanderzusetzen, wer ich bin und, wenn ja, wie viele …

Ich habe in den Gefängnissen in Essen, Hagen und Moers-Kapellen immer wieder liebenswerte Justizvollzugsbeamte kennengelernt. Man darf nicht vergessen, dass diese Menschen zum Teil ›lebenslänglich‹ hinter Gittern arbeiten. Aber es gibt auch andere, die ihre Macht ausspielen und ihren Frust an den Inhaftierten auslassen. Ich habe auch einzelne Beamte erlebt, die menschenverachtend und rassistisch aufgetreten sind.

Wer bin ich und, wenn ja, wie viele? Viele, sehr viele, das sehe ich inzwischen viel klarer als vor der Zeit im Knast. Meine Überzeugung ist: Wir haben alle alles in uns. Den Gläubigen und den Gangster, den liebevollen Familienmenschen und den Fremdgänger, den Egoisten und den Altruisten, den Angepassten und den Anarchisten, den Euphorisierten und den Depressiven, den Konservativen und den Progressiven, den Alten und das Kind, den Schwarzen und den Weißen, den Träumer und den Realisten, den Schlauen und den Dummen. Was wir mehr ausleben und was weniger, hängt von Lebensumständen ab: Erziehung, Begegnungen, Freunden, Erfahrungen der Zurückweisung und Enttäuschung, des Vertrauens oder der Angst. Aber grundsätzlich tragen wir alle diese Farben in uns – was für mich auch heißt, wir können in unserem Leben alles machen und jederzeit eine andere Richtung einschlagen. Wenn wir es nur wollen.

Als extrovertierter Typ habe ich viele Facetten sehr intensiv, manche würden sagen radikal, ausgelebt. Und war dadurch nicht nur leidenschaftlich und erfolgreich, sondern auch egoistisch und verletzend. Um das richtig klarzukriegen, musste ich wohl erst im Gefängnis landen.

38. VOM JÄGER ZUM GEJAGTEN

Der Prozess und die Folgen

Landgericht Düsseldorf, Juli 2014 bis Januar 2015. Den Prozess gegen mich habe ich verfolgt wie in Trance. Ich bin während der Verhandlungstage in mich hinein verschwunden, ins Nirgendwo, bekam vieles von dem, was der Richter und die Zeugen sagten, gar nicht richtig mit. Wie oft hatte ich in der Untersuchungshaft mit der Stirn gegen die Wand geschlagen, wie oft wollte ich meine Wunde zeigen, wie Beuys gesagt hätte. Jetzt stand ich, der große Macher, dem keiner was konnte, da ohne Panzer, nackt, schutz- und hilflos. Ich wollte mich dem nicht ausliefern. Ich wollte keine Fotos von mir, die ich früher so geliebt hatte und die die Reporter jetzt so kaltblütig schossen, als hätten sie Gewehre in der Hand. Ich wollte nicht da sein.

Unwohl war mir auch vor dem Richter, einem drahtigen Mann mit Buchhalterbrille, knochentrocken, der mir nicht eben mit Sympathie begegnete. Schon nach dem Haftprüfungstermin im Spätsommer 2014 ahnte mein Anwalt, dass der Prozess unter ungünstigen Vorzeichen stand. Mein Verteidiger hatte mir bei der Haftprüfung geraten, den Mund zu halten, doch ich hatte versucht, dem Richter meine Sicht der Dinge zu erklären – ein bisschen zu kaufmännisch, wie der Anwalt mir später attestierte.

Es hat seine Sympathie wohl nicht eben befördert – wir waren wie Feuer und Wasser, hier der rationale, analytische Richter, da der emotionale, extrovertierte Angeklagte. Die vage Chance, vorläufig auf freien Fuß zu kommen und einem hohen Strafmaß damit vermutlich zu entgehen, war also nach diesem Termin dahin. Die Konstellation sei eher ungünstig gewesen, meinte mein Verteidiger. »Sie haben sicherlich nicht die größten Sympathien des Gerichts genossen.« Das ist wohl eher nett gesagt.

Die Auftritte von Weggefährten wie Tony Cragg im Prozess waren ein Albtraum. Da standen – peinlich berührt – Menschen, mit denen ich jahrzehntelang zusammengearbeitet hatte, vor dem Richter, und mussten erzählen, was sie wussten, und am liebsten auch das, was sie nicht wussten. Ich wusste, dass mit dem Prozess auch Freundschaften in die Brüche gehen würden.

Schwer zu ertragen war auch die Zeugenaussage von Thomas Kellein, eines Kurators und Kunstberaters, der zuvor als Direktor einer Kunststiftung in Texas entlassen worden war. Um die Bank bei Kunstankäufen zu beraten, hatte ich die Berenberg Art Advice gegründet, Kellein half bei der Expertise für die Bank. Eines Tages informierte er die Bank über seiner Ansicht nach zu hohe Provisionen. Ich habe Pharmaunternehmer Christian Boehringer, für den wir damals eine Sammlung mit der Berenberg Art Advice aufbauten, daraufhin kontaktiert und umgehend entschädigt. Trotzdem erstattete Boehringer später ebenfalls Anzeige – und informierte womöglich auch die Anwälte der Albrechts.

Das *Handelsblatt*, das von der ersten Minute meiner Verhaftung an erstaunlich viel wusste und Stimmung gegen mich machte, nannte Kellein in einem Artikel »Das Phantom« und lag zumindest damit richtig. Kellein gab an, er sei zunächst »gutgläubig und naiv« gewesen, habe ob der Preisaufschläge gedacht: »Na ja, so ist es halt, c'est la vie«. Er sprach von »Hilfsdiensten«, nur ein »Laufbursche« sei er gewesen, wie das *Handelsblatt* schrieb. Nun, er war auch vorher lediglich Direktor einiger Kunsthallen. Ich bin der Letzte, dem es anstünde, mich über ihn auszulassen. Nur amüsant, wie er seine Rolle vor Gericht spielte.

Noch deutlich mehr Aufsehen erregte der Auftritt von Babette Albrecht, die mit Rüschenbluse, Brille im Haar, Tasche von Hermès und goldenem Pudel am Revers in den Gerichtssaal stolzierte. Vor den Reportern streckte sie den Daumen in die Höhe und rief: »Ich fühle mich spitze!«, wie ich später im *Manager Magazin* las. »Die klassischen Zinsen brachten keine Rendite mehr, sag ich jetzt mal so«, gab sie auf die Frage zu Protokoll, warum ihr Mann mit mir Geschäfte gemacht habe. »Da wurde Kunst interessant.« Die Kunstwerke nannte sie, wie schon erwähnt, »Dinger« – dass mein Eindruck beim ersten Kennenlernen, Babette interessiere sich mehr für Kunst als ihr Mann, getäuscht hatte, wusste ich nicht erst seit dem Prozess.

Ihre Sprüche waren im Gerichtssaal ein wenig derber als am Rande der Art Basel oder der Art Miami – aber auch da hatte sie aus ihrer Hemdsärmeligkeit keinen Hehl gemacht. Die *Süddeutsche Zeitung* vom 20. Januar 2015 zitierte Babettes Aussage im Gerichtssaal mit den Worten: »'Ne Aktie ist 'ne Aktie, Kunst kann man sich wenigstens anschauen.«

Für meinen Geschmack war Babettes Inszenierung deutlich sehenswerter als jene von Kellein. Ein kurzer, aber furioser Auftritt. Auch das Gericht zeigte sich angetan. Nach Lachen war mir allerdings nicht zumute.

Was mich wunderte, war, dass die Kinder von Babette Albrecht, die mich angezeigt hatten und als Geschädigte galten, weil es um ihr Familienvermögen ging, nicht im Gericht aussagten – und meines Wissens nach auch nie von den Ermittlern vernommen wurden. Sie haben sich aber nie mit nur einem Satz zu dem Fall geäußert. Es wäre interessant zu wissen, was sie denken.

Babette inszenierte den Prozess als Racheakt gegen mich. So ist zumindest meine Sicht der Dinge. Das Gericht betonte, dass es sich keineswegs um Rache handele. Und hob die Glaubwürdigkeit Babettes in seiner Urteilsbegründung hervor. Die Glaubwürdigkeit einiger Zeugen, die zu meinen Gunsten aussagten, schien dem Gericht dagegen zweifelhaft. Über den Verkauf von zwei Ferraris hatte Berthold zum Beispiel in seiner Villa noch persönlich mit dem

Verkäufer gesprochen – der Verkäufer gab vor Gericht an, allein mit Berthold über den korrekten Ablauf des Kaufs inklusive Margenzahlungen an ihn und mich gesprochen zu haben. Babette gab dagegen an, sie sei dabei gewesen. Nun ja, ich will im Nachhinein keine Erbsen zählen. Aber wenn ich mit Berthold über Kunst- oder Oldtimerkäufe sprach, war Babette nie dabei. Sehr wohl sprach sich Berthold allerdings mit ihr ab, bevor er etwas kaufte. Und wenn sie sich einen Jaguar in einer ausgefallenen Farbe wünschte (»schwarze und rote hatte jeder«), bekam sie ihn natürlich.

Zu den überhöhten Rechnungen für die Kunstwerke stehe ich. Bei dem Verkauf der Oldtimer liegt der Fall anders – hier wusste Berthold, dass der Einkaufspreis nicht sein Kaufpreis war. Es gab weder verdeckte Preisaufschläge noch fingierte Rechnungen. Ich habe die Käufe lediglich vermittelt und eine Provision erhalten – genau wie der Verkäufer selbst. Auf die Margen haben wir hingewiesen, sie waren auch schriftlich fixiert. Sämtliche Oldtimerkäufe waren Teil der Anklageschrift – und blieben trotz Aussagen mehrerer Verkäufer, die meine Version bestätigten, für das Strafmaß relevant.

Insgesamt habe ich Berthold Kunst und Oldtimer für rund 120 Millionen Euro verkauft. In jedem einzelnen Fall habe ich ihm eine Rücknahmegarantie gegeben – samt 4 Prozent Zinsen pro Jahr innerhalb von sieben Jahren. Da ich diese Garantie nur mündlich abgab – was bei solchen Geschäften durchaus üblich ist –, berücksichtigte das Gericht die Absprachen nicht für die Beweisführung. Finanziell so weitreichende Vereinbarungen hätten einer schriftlichen Fixierung bedurft.

Unabhängig von der juristischen Beurteilung gibt es eine Wertentwicklung für Kunstwerke und Oldtimer, die sich dem Laien nicht ohne Weiteres erschließt (und manchmal auch nicht dem Kunstverständigen). Nach meinen Schätzungen sind die Kunstwerke und Oldtimer heute viel viel mehr wert.

Den heutigen Wert der Kunstwerke, die Gegenstand des Verfahrens waren, habe ich spaßeshalber geschätzt – und komme auf eine

Wertsteigerung von weit mehr als 100 Prozent. Spielt für die rechtliche Einschätzung natürlich keine Rolle – darben müssen die Geschädigten aber zum Glück nicht.

Künstler	Titel	Kaufpreis in Euro (netto) Albrecht (zzgl. 5 Prozent Provision)	Von mir geschätzter Wert heute
Kirchner	Mutter und Sohn	1,8 Mio.	3 Mio.
Kirchner	Nächtliche Straße	1,45 Mio.	2,5 Mio.
Kirchner	Zwei Akte im Wald	1,2 Mio.	2 Mio.
Picasso	La Famille du Jardinier	5,5 Mio.	25 Mio.
G. Richter	Maria	4,5 Mio.	20 Mio.
G. Richter	Tisch	12 Mio.	40 Mio.
Albert Oehlen	Ballade	220000	2,5 Mio.
R. Lichtenstein	Reflections und Still Life with Bottle and Tray	4,45 Mio.	8 Mio.
Murakami	Yume Lion	1,17 Mio.	2,5 Mio.
F. Picabia	Villica Caja	3,5 Mio.	4 Mio.
Cragg	Wt 2010	385000	1,2 Mio.
J. Muñoz	Conversation Piece	3,89 Mio.	5 Mio.
J. Muñoz	Esquina Positiva	4,135 Mio.	5 Mio.
O. Kokoschka	London Tower Bridge II	950000	2 Mio.

Die Staatsanwältin entwarf in ihrem Plädoyer das Bild eines skrupellosen Betrügers, der die Krankheit von Berthold Albrecht ausgenutzt habe, um an sein Geld zu kommen. Ich erschien wie ein Teufel, der Berthold und seiner Familie das Leben zur Hölle gemacht hätte. Ich hatte öffentlich nie ein Wort über Bertholds Erkrankung verloren, erlebte aber zum Glück einige Jahre lang mit, dass ihm die Teilnahme an Oldtimerrallyes und Kunstmessen guttat, dass er es genoss zu leben und auch Zeit mit mir zu verbringen – ähnlich wie Babette meiner Erinnerung nach übrigens auch.

Das Gericht stellte neben der Glaubwürdigkeit Babettes fest, dass es nach der Beweisaufnahme ausgeschlossen sei, dass ich Geld zur Seite geschafft habe. Und auch, dass meine Firmen korrekt gearbeitet haben. Es stimmt: Ich habe kein Geld versteckt. Keine Bilder im Ausland eingelagert. Ich bin blank. Es wurde alles gepfändet. Ich ahnte weder von der Strafanzeige, die im April 2014 bei der Staatsanwaltschaft einging, noch von der von langer Hand geplanten Festnahme, nach der dann in Windeseile mein gesamtes Vermögen beschlagnahmt wurde.

Als der Richter mich zu sechs Jahren Haft verurteilte (die Staatsanwaltschaft hatte sieben gefordert), nahm ich das Urteil wie durch eine Milchglasscheibe zur Kenntnis. Ich wusste längst, was mich erwartete.

Ich habe drei Mal in meinem Leben zu überhöhten Provisionssätzen Kunst verkauft: an Berthold Albrecht, Christian Boehringer und Familie Viehof. Im Nachhinein tut mir das leid. Demgegenüber stehen 2500 Transaktionen und Umsätze meiner Unternehmen in Höhe von 750 Millionen Euro, die heute drei Milliarden Euro wert sind.

39. FELDZUG GEGEN DIE FAMILIE

Und wie meine Kunst verramscht wurde

Essen/Düsseldorf, ab 2015. Mit dem Gedanken, dass meine Existenz zerstört ist, mir keine Firma, kein Haus, kein Kunstwerk und keine reelle Möglichkeit eines Wiederaufbaus bleiben würde, arrangierte ich mich mit der Zeit.

Schwerer fiel es mitanzusehen, wie meine Familie meine Fehler für mich ausbaden musste – und gerupft wurde wie eine Weihnachtsgans. Ständig klingelte der Gerichtsvollzieher bei Dorothee und den Kindern. Noch schlimmer war, dass die Leute tuschelten – meine Kinder wurden öffentlich bespöttelt.

Der Fall meiner Familie war so tief wie ungerecht: Sie hatten mit mir ein privilegiertes Leben gelebt – und natürlich war es nicht nötig, dass mein Sohn zum 18. Geburtstag einen Sportwagen bekam. Allerdings war das jetzt nicht mehr das Problem. Die Wohnung musste verkauft werden, an Restaurantbesuche war nicht mehr zu denken, schließlich nahm das Gericht Dorothee auch noch ihre Altersversicherung weg – ein Nagelrelief von Günther Uecker, das ich ihr geschenkt hatte, wurde schließlich für 2,2 Millionen Euro versteigert und floss in die Insolvenzmasse. Obwohl hinten eine Widmung mit Dorothees Namen steht.

Dorothee hatte nach meiner Inhaftierung eine unglaublich schwere Zeit, sie fühlte sich wie das Opfer einer Hexenjagd – ohne überhaupt zu wissen, warum sie gejagt wurde. Der Anwalt von Babette überhäufte sie mit Forderungen, die Familie warf Dorothee vor, auch sie habe betrogen, habe Skulpturen verkauft, die Fälschungen seien, und möge daher 1,2 Millionen Euro überweisen, zuzüglich 14 000 Euro für das Honorar der Kanzlei.

Auf dem Arbeitsamt musste sie zwei Stunden lang Formulare ausfüllen – eine Boulevardzeitung sah sie dabei und machte gleich eine Schlagzeile daraus. Dieselbe Boulevardzeitung machte auch eine Geschichte daraus, dass unser Haus zum Verkauf stand – prompt sprangen Interessenten ab, angeblich aus Angst, mit meinem Namen in Verbindung gebracht zu werden.

Wenn fast wöchentlich Post vom Obergerichtsvollzieher ins Haus flattert, braucht es gute Nerven. Ich konnte meine Briefe einfach in eine Giftkiste verstauen und gab sie weiter an den Anwalt – Dorothee und die Kinder mussten die Suppe, die ich ihnen eingebrockt hatte, auslöffeln. Sie war schwer verdaulich und verursachte üble Nebenwirkungen.

Und das zu allem Überfluss auch in der Öffentlichkeit. Dorothee wurde fotografiert, als sie einen Termin bei der Arbeitsagentur hatte – das gab ja eine hübsche Schlagzeile her. Nach meiner Verhaftung klingelten die Journalisten auf ihrem Handy Sturm – einige knipsten sie sogar, wenn sie aus der Haustür ging. Dorothee war nicht öffentlichkeitsscheu – aber in einer Situation, da ihre gutbürgerliche Existenz von einem Tag auf den nächsten zerstört war, ohne dass sie etwas dafür konnte, hatte sie wahrlich andere Sorgen als Reporter, die eine Story ausschlachten wollten bis zum letzten Satz und Bild.

Ab dem Zeitpunkt, als ich als Kunstberater erfolgreich wurde, war ich eine öffentliche Person. Natürlich habe ich das Interesse auch bedient, weil ich eitel war und nach Anerkennung lechzte – zum Teil gewiss auch, weil es meinem Geschäft nicht abträglich war, wenn ich mit der *Süddeutschen Zeitung* über Geld sprach, mit dem *Spiegel* über die Mechanismen des Kunstmarkts oder von einem Wirtschaftsmagazin als »Zampano« der Szene präsentiert wurde. An Interviews war ich gewöhnt – und habe sie oft genossen.

Bild und *Express* freuten sich, wenn ich wieder eine neue Sammlung gekauft hatte, wenn Warhol oder Richter kamen, und noch mehr, wenn ich eine neue Freundin hatte. Wenn ich David Chipperfield dafür gewann, ein Atelier für Immendorff im Düsseldorfer Hafen zu bauen, wenn Demi Moore und Tom Cruise in meine Restaurants kamen und Dieter Bohlen mit Anhang auf »Monkey's Island« Einzug hielt, ich mich pfauenhaft mit meinen Oldtimern (zwischenzeitlich hatte ich gut 20) fotografieren ließ, war das nicht schlecht für die Auflage. Den Helge konnte man auch immer mal anrufen, wenn man nichts hatte – meistens fiel ihm irgendwas ein, mit dem sich eine halbe Seite füllen ließ.

Mit meiner Verhaftung wendete sich das Blatt. Ich war mit den Boulevardmedien im Aufzug nach oben gefahren, jetzt stürzte der Aufzug ab – und ich fand mich in der Hölle wieder. Meine Strafakte war an Journalisten durchgestochen worden, schnell tauchte auch eine Liste meiner 100 Topkunden auf, von der *Zeit* und *Spiegel* (fälschlicher- und unseriöserweise) mutmaßten, es könne sich allesamt um betrogene Kunden handeln. Genau das Gegenteil war der Fall: Es waren allesamt über Jahrzehnte hinweg zufriedene Kunden, denen ich zu erheblichen Wertsteigerungen verholfen hatte.

»So funktioniert das System Achenbach«, »Die Affäre wächst und wächst«, »Hat Achenbach in über 200 Fällen betrogen?«, »Achenbach-Skandal: Noch mehr Opfer?«, »Wo sind die Oldtimer versteckt?« Die Spekulationen, die Vorverurteilungen gleichkamen, schossen ins Kraut. Ich saß in Haft, bekam nur hin und wieder ein paar Zeitungsausschnitte von meinem Anwalt und dachte: »Jetzt haben sie mich als Beute und zerlegen mich.«

Eine Möglichkeit gegenzusteuern, gab es nicht. Ich gehörte jetzt zu den gestürzten Siegern, die nach dem Fall gefleddert werden: Thomas Middelhoff und Boris Becker können ein Lied davon singen. Die Deutschen sind moralisch besonders erbarmungslos – in Italien oder Spanien wäre das Denkmal eines Sportstars wie Boris Becker trotz Verurteilung wegen Steuerhinterziehung wohl nie so demontiert worden wie hierzulande. Auch der Zeitgeist spielt eine Rolle. Galt der Kaufhauserpresser Arno Funke alias Dagobert Anfang der 1990er-Jahre noch als kreativer Filou, der die Behörden narrte, würde er heute vermutlich genauso von der Öffentlichkeit geächtet wie Pablo Picasso, von dem bekannt war, dass er viele seiner Frauen schlecht behandelte, oder Karl May, der als notorischer Betrüger und Lügner galt und vier Jahre im Gefängnis verbrachte.

Den Mythos solcher Helden hat das früher eher noch gesteigert. Heute wäre das undenkbar. Ich will mich damit nicht reinwaschen oder rechtfertigen – ich saß zu Recht im Gefängnis. Allerdings machten einige Journalisten nun auch gleich einen Teufel aus mir, der die Verantwortung trägt für alles Übel, das auf dem Kunstmarkt tagein, tagaus geschieht.

Das gipfelte am Rande des Düsseldorf-Marathons im Frühjahr 2017 während meiner Zeit als Freigänger in einer Geschichte der *Bild*-Zeitung, die später dazu beitrug, dass ich nicht vorzeitig aus der Haft entlassen wurde. Ich hatte den Staffel-Marathon gemeinsam mit 15 Flüchtlingen der Diakonie absolviert – und zwar als Schlussläufer. Die *Bild* machte daraus die Story: »Marathon-Schummel!« Ich hätte so getan, als ob ich die gesamte Strecke gelaufen sei, um mich hinter dem Zielstrich feiern zu lassen. Was für ein Blödsinn! Das hat auch der Veranstalter später erklärt. Selbst Stellung nehmen durfte ich trotz Anfrage der *Bild* nicht – ich war ja noch in Haft und hatte ein striktes Verbot, mit Journalisten zu sprechen.

In der Begründung des Gerichts gegen meine frühzeitige Entlassung tauchte die aberwitzige Geschichte trotzdem auf. »Durch sein Verhalten hat er den Eindruck erweckt, er habe die ganze Strecke zurückgelegt. Ein solches zweifelhaftes Verhalten (…) passt nicht zu einem Neustart«, hieß es da. Vielleicht wusste der Richter nicht, dass es beim Marathon Staffeln gibt?

Besonders wütend gemacht hat mich, als 2600 Werke aus meinen Lagern und mein Anteil an der Sammlung Rheingold versteigert wurden – und die Zeitungen von »Rekordergebnissen« schrieben, der Insolvenzverwalter von einem »Ergebnis über Plan« und der Chef des Auktionshauses von einem »historischen Moment« sprach.

Natürlich brachten die Auktionen mit mehr als 12 Millionen Euro viel Geld ein – und auch mich hat überrascht, dass ein Bieter für einen Immendorff-Affen fast 300 000 Euro hinblätterte, immerhin eine Rekordsumme für eine Immendorff-Skulptur. Wütend gemacht haben mich die Schlagzeilen (und auch der erzielte Preis!), weil ein Großteil der Bilder viel zu niedrig taxiert war. Wie ist es sonst zu erklären, dass Bilder, die mit 50 oder 100 Euro in die Auktion gingen (ich habe es selbst nicht geglaubt, bevor ich die Listen gelesen habe), für 6000 Euro weggingen, ein auf 2000 oder 3000 Euro geschätztes Gemälde 50 000 brachte? Kannten die Verkäufer die Marktwerte nicht? Hatten sie nicht recherchiert? Oder war es ihnen egal, weil es ja um den Achenbach ging? Weil nach dem Prinzip »Alles muss raus!« gehandelt wurde, nahm keiner

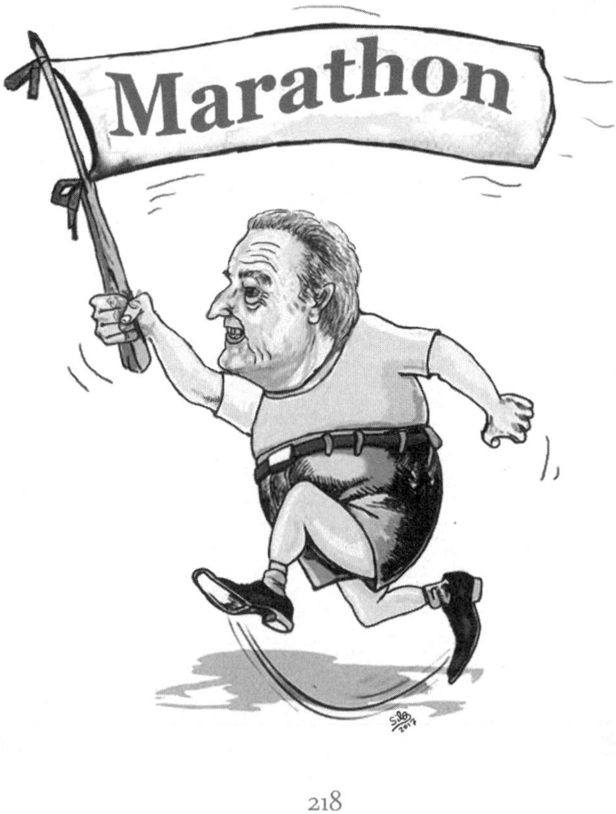

Rücksicht auf Werte. Ich denke, 25 Millionen hätte man bei der Auktion einnehmen können. Einen großen Teil meiner Schulden wäre ich so losgeworden.

NEUANFANG – QUO VADIS?

40. BILDER VON DER FLUCHT

Ein alter Hof, ein neues Projekt

Kaarst/Köln, ab Juni 2018. Am 6. Juni 2018 begann mein neues Leben. Ich verließ die Justizvollzugsanstalt in Moers-Kapellen und fuhr mit einem Auto, das mir ein Freund zur Verfügung stellte, zu Günter Wallraff, der mir großzügigerweise eine Dachgeschosswohnung in seinem Haus in Köln-Ehrenfeld kostenlos zur Verfügung stellte. Tagsüber arbeitete ich ab sofort als Projektleiter für den Verein Culture without borders – die Idee hatte ich während meiner Zeit als Freigänger entwickelt. Damals arbeitete ich bei der Düsseldorfer Diakonie mit Flüchtlingen und lernte unter anderem Yahia Alselo aus Aleppo kennen.

Ein Unternehmer stellte uns für die Initiative, mit der wir verfolgten Künstlern einen sicheren Hafen bieten, einen verfallenen, leer stehenden Bauernhof im Kaarster Niemandsland zur Verfügung. Das Grundstück ist umgeben von Autobahnen und liegt mitten in der Einflugschneise des Düsseldorfer Flughafens, rundherum befinden sich nur Felder und Straßen – trotzdem hätte ich mir keinen besseren Ort vorstellen können. Die Künstler und auch ich fanden hier Ruhe – nach allem, was geschehen war, wäre es für mich undenkbar gewesen, nach Düsseldorf zurückzukehren. Dort tuschelten die Leute, wenn sie mich sahen. Eine Wohnung in der City, das wäre zu viel von der alten Welt gewesen, von der ich mich fernhalten wollte.

Entstanden war die Idee für Culture without borders ja schon im Gefängnis – als ich im Fernsehen sah, wie türkische Journalisten und Schriftsteller und Mitglieder von Pussy Riot in Russland verhaftet wurden. Die saßen im Gegensatz zu mir zu Unrecht im Gefängnis – genau solchen Menschen wollte ich helfen, wenn ich wieder draußen war.

Zum Glück gab es Freunde, die geblieben waren und sich solidarisch zeigten. Ein Unternehmer, der die Renovierung bezahlte, eine Freundin, die die Küche spendierte, ein Kollege aus der JVA, der beim Streichen half. Ein Bekannter stellte Werkzeug und einen Gabelstapler zur Verfügung, ein Bauer aus der Nachbarschaft schenkte uns regelmäßig Gemüse. Gregor Jansen, Leiter der Kunsthalle Düsseldorf, unterstützte das Projekt ebenfalls.

Es war wunderbar, jede kleine Hilfe ein großes Geschenk. Und ich machte eine neue Erfahrung: Hier ging es nicht bei jeder Hilfeleistung um das Eine-Hand-wäscht-die-andere-Prinzip, das ich ein wenig zu gut kannte. Hier halfen Menschen für eine Sache, von der sie überzeugt sind. Auch die Stadt Kaarst sicherte ihre Unterstützung zu.

Natürlich war ich im Gefängnis kein komplett anderer Mensch geworden. Ich hatte mich für ein anderes Leben entschieden, ein Leben im Kleinen, ich wollte für andere da sein – setzte mir aber nach wie vor auch große Ziele. Mein alter Freund David Chipperfield entwarf einen Anbau für den Hof – der Eigentümer zeigte sich beeindruckt. Als er sich wenige Monate nachdem der Verein mit Büros und Residenzkünstlern eingezogen war, vor Ort ein Bild machte, sah er, dass sich sein alter Hof herausgeputzt hatte – so sehr, dass er wohl zu zweifeln begann, ob er uns den Hof weiter gratis zur Verfügung stellen konnte. Erste Konflikte schwelten.

Viele Freunde und Bekannte unterstützten das Projekt – nur wenn es darum ging, geflüchtete Künstler zu uns auf den Hof zu bringen, wurde es schwierig. Die deutsche Bürokratie ist gnadenlos, davon konnten die Geflüchteten ein Lied singen, in das ich seit meiner Inhaftierung mit einstimmen konnte, wenn auch in einer ganz anderen Strophe.

Die Konstante auf dem Hof blieb erst mal Yahia.

Yahia ist studierter Kunstmaler, Schriftsteller und politischer Karikaturist. Er ist Kurde – verfolgt wurde er in Syrien, weil er für eine kurdische Zeitung (unter Pseudonym) Karikaturen zeichnete, mit denen er das Assad-Regime aufs Korn nahm.

Yahias Geschichte hat mich beeindruckt: Er hat sich gegen den Widerstand seiner Eltern der Kunst verschrieben – und später weitergemacht, obwohl man ihn mehrfach inhaftierte, in der Haft folterte, bedrohte, einen Cousin ermordete. Als schließlich zwei enge Freunde von ihm ermordet wurden, entschloss er sich im Jahr 2008 zur Flucht – obwohl seine Frau gerade mit dem zweiten Kind schwanger war. Drei Jahre hat er in Deutschland in einem Asylbewerberheim gelebt, 2013 kam er nach Düsseldorf und begann, sich in dem Flüchtlingsprojekt der Diakonie zu engagieren

Er habe in Deutschland »bei unter null« angefangen, sagt er. »Schon viele deutsche Künstler können nicht von ihrer Kunst leben. Aber ich wollte und konnte hier nicht damit aufhören, auch wenn es kaum möglich ist, mit Kunst genug Geld zu verdienen.«

Als wir uns kennenlernten, befanden wir uns beide fast auf dem Nullpunkt. Yahia konnte immerhin schon ganz gut Deutsch – und ich arbeitete als Freigänger am Aufbau unserer Initiative. Yahia kommt wie ich aus kleinen Verhältnissen, beide hatten wir uns gegen viele Widerstände durchgekämpft, beide kennen wir Gefängnisse von innen – ich zu Recht, Yahia nicht. Beide leben wir für die Kunst.

Yahia hat seit Juni 2018 sein Atelier auf dem alten Bauernhof, seitdem hatte er zwei Ausstellungen und ist zumindest regional bekannter geworden. Yahia erklärt mir Maltechniken, ich erkläre ihm, wie der deutsche Kunstmarkt funktioniert, wie seine Bilder und Collagen womöglich bei deutschen Galeristen und Sammlern ankommen. »Zum Glück bist du jetzt nicht auf einer Kunstmesse«, denke ich dann oft.

Als »Artist-in-Residence« war zum Beispiel Koko Bi von der Elfenbeinküste bei uns, der 1997 an der Kunstakademie in Düsseldorf studiert hat, schon auf der Biennale ausgestellt hat und als einer der wichtigsten Künstler seines Landes gilt. Koko Bi gestaltete auf dem

Hof Skulpturen zur Flucht übers Mittelmeer – so unterstrich er das Anliegen unseres Projekts. Ansonsten sollte die Initiative verfolgten Künstlern, Schriftstellern und Musikern vorbehalten bleiben – hier sind wir weiterhin auf Unterstützung angewiesen. Und auf ein Entgegenkommen der Verwaltungen, die vorschreiben, wann sich Geflüchtete wo aufhalten dürfen.

Im Sommer 2019 war Zehra Doğan auf unserem Hof zu Besuch: Doğan saß fast drei Jahre in türkischer Haft, weil sie ein Wasserfarbenbild gemalt hatte, das eine zerstörte kurdische Stadt nach einem Kampf zwischen kurdischen Milizen und dem türkischen Militär zeigte. »Terrorpropaganda« war ihr danach vorgeworfen worden – wie so vielen Künstlern, Journalisten und Schriftstellern, die Präsident Erdoğan und sein Regime kritisieren.

International bekannt geworden war Doğan, als Ai Weiwei ihr einen öffentlichen Brief schrieb und der Street-Art-Künstler Banksy ihr in New York ein 20 Meter großes Wandbild widmete, auf dem er mit Strichen die Tage zählte, seit Doğan in Haft war. Doğan hatte Banksy daraufhin einen illegalen Brief aus dem Knast schmuggeln lassen. Banksy war auf Doğan aufmerksam geworden, weil sie es schaffte, auch Bilder aus dem Gefängnis schmuggeln zu lassen – es waren Symbole für die Kraft ihres Widerstands: Weil sie kein Papier zum Malen bekam, benutzte sie Zeitungspapier, Stofffetzen und Unterwäsche als Leinwände. Weil sie keine Farben bekam, nahm sie das Grün von Spinatblättern und das Menstruationsblut von mitinhaftierten Frauen. Ihre Bilder gingen um die Welt.

Ich lernte Zehra Doğan über Günter Wallraff kennen, der sie finanziell unterstützte und mit ihr während ihrer Haftzeit in Kontakt war. Ich bot ihr an, dass sie sofort auf unserem Bauernhof einziehen kann, sobald sie das Gefängnis und die Türkei verlassen darf.

Es war bewegend, sie auf Einladung von Günter Wallraff im Sommer 2019 in Freiheit zu treffen. Wir vereinbarten, dass sie als Artist-in-Residence im Frühjahr 2020 nach Kaarst kommt; wir planen außerdem eine Ausstellung in einem Düsseldorfer Museum.

41. BLUMEN IM ASPHALT

Besuch bei alten Freunden

Kaarst, ab Juni 2018. Nach und nach kamen ehemalige Freunde und Geschäftspartner aus der Deckung. Einige Neugierige besuchten mich auf dem Hof, andere schrieben eine WhatsApp oder riefen an, als sie von meiner Freilassung erfuhren. Mit Gerhard Richter telefoniere ich gelegentlich – er ist der alte Gentleman geblieben, der er immer gewesen war, und sagte, wie sehr er sich freue, dass ich gesund bin und wieder in Freiheit.

Viele Kontakte sind allerdings tot. Von den Künstlern, Galeristen und Sammlern, mit denen ich früher zu tun hatte, ist rund ein Drittel geblieben. Es gab solche, die mir klar sagten, dass es für sie schwierig sei, wieder neu anzufangen – besonders weh tat mir das bei meinem alten Freund Tony Cragg. Es tat allerdings auch gut, dass er mir das offen sagte, ähnlich wie übrigens der Biobauer und Sammler Karl Ludwig Schweisfurth, der mir am Telefon eröffnete: »Sorry Helge, ich komme nicht klar mit deiner Geschichte, das, was du da gemacht hast, ist für mich nicht akzeptabel, lass uns in Zukunft nicht mehr miteinander verkehren.« Klare Ansage. Akzeptiert.

Schwieriger war es mit früher engen Freunden wie Andreas Gursky. Wenn Menschen, deren Aufstieg man begleitet hat, dessen Trauzeuge man war, für die man Projekte durchgesetzt hat, nicht bereit sind, sich auszusprechen, dann ist das enttäuschend.

Vielleicht ist Gurskys Distanz trotzdem besser als ein chamäleonartiges Verhalten, dem ich seit meiner Freilassung auch immer wieder begegne: Diese Spezies – sowohl Sammler als auch Unternehmer und Künstler – will bitte nie mit mir in einem Atemzug genannt werden. Aber durchaus gern meine Beratung in Anspruch nehmen und von meiner Erfahrung profitieren.

Kann ich es Menschen des öffentlichen Lebens verübeln, wenn sie nicht mit dem Namen Helge Achenbach in Verbindung gebracht werden wollen? Nein. Ich erfahre schließlich ständig, dass Resozialisierung in Deutschland nicht leicht ist – so darf ich nach sechs Jahren Haftstrafe in den nächsten Jahren unternehmerisch nicht nennenswert tätig werden, ohne die Einnahmen bis zur gesetzlich vorgeschriebenen Mindestgrenze an die Gläubiger weiterzureichen.

Andererseits würde ich lügen, wenn ich sagen würde, dass es mir nicht schmeichelt, wenn mich international anerkannte Künstler oder Sammler nach wie vor um Rat fragen. Was also tun? Ich entscheide je nach Sympathie – und nach Rücksprache mit einem Anwalt –, aber immer nach dem einem Prinzip: Beratung gern, aber nur gegen eine Spende für den Verein Culture without borders. Mein Name kann dann gern außen vor bleiben. Ich bin eitel geblieben, will aber ja meine Adlerschwingen gar nicht zurückhaben, um noch mal in der gleichen Höhe zu fliegen wie früher. Der Absturz war zu schmerzhaft. Gelernt habe ich es, im Stillen zu genießen: Eine Ausstellung meiner Freundin und meines Kumpels Yahia, die Hilfe für einen sehr wichtigen zeitgenössischen Künstler, eine dauerhafte Bleibe für einige seiner bedeutendsten Werke zu finden sind wichtiger als dicke Schlagzeilen über den großen Achenbach.

Wenn ich Günter Wallraff erzähle, dass wieder ein reicher Unternehmer angerufen hat, um mich einzukaufen, kann es schon mal sein, dass er unwirsch wird: »Willst du wieder zum Dealer werden? Pass auf, dass du nicht wieder zum Handlanger des großen Geldes wirst!«

Schließlich hatte er seine Wohnung vorher immer wieder politisch Verfolgten zur Verfügung gestellt wie Salman Rushdie, Wolf Biermann oder dem Iraner Shahin Najafi, der wie Rushdie von Mullahs mit einer Fatwa bedroht worden war. Ich bin Günter dankbar, dass er ein Korrektiv für mich ist – so wie einige wenige andere Freunde. Günter mahnt auch immer wieder, dass unser Verein ein kleines Projekt bleiben solle: »Ihr seid nicht Cap Anamur!«

Nicht davon abhalten können hat mich Günter, im Januar 2019 in München in der »Galerie Kronsbein« meine Bilder auszustellen. Ich traf dort viele alte Bekannte, mit einer Galeristin und ihrem Mann erinnerten wir uns an alte Zeiten, lachten und weinten. Es gibt seit meiner Freilassung viele versöhnliche Begegnungen: Klärende Gespräche mit meinen Kindern, mit meiner Freundin, Treffen mit Künstlern, Museumsdirektoren, Galeristen und Sammlern, manchmal auch nur ein nettes Telefonat oder eine Postkarte.

42. VON FITSCHEN BIS WINTERKORN

Verführer und Verführte auf dem Hochseil der Macht

Düsseldorf, Frühjahr 2019. Anfang April lud mich eine Düsseldorfer Beratungsfirma zu einer Vortragsreihe ein. Unter den Speakern saßen der ehemalige Bundestagspräsident Norbert Lammert, die renommierte Energieökonomin Claudia Kemfert und Jürgen Fitschen, ehemaliger Chef der Deutschen Bank. Mir hatten die Veranstalter das Panel vor Fitschen zugeteilt, um über meinen Werdegang als Kunstberater, den Aufstieg, den Fall und mein Leben im und nach dem Knast zu sprechen.

Begleitet von ein paar Bildern – den Richter-Großformaten in der Victoria-Versicherung, dem Foto, das mich als eitlen Gockel inmitten meiner Oldtimersammlung zeigt, oder einem Bild der Gefängniszelle – ließ ich mein Leben Revue passieren. Keiner rührte sich, bis ich auf meine schleichende Verrohung zu sprechen kam: den Manager eines Großkonzerns, der eine Provision für die Galerie seiner Frau zur Bedingung für den Auftrag gemacht hatte (was ich nicht ablehnte); den Unternehmer, der regelmäßig zu einem Auftrag ein Bild zu einem lächerlich niedrigen Preis für seine Privatsammlung forderte. Als ich von solchen Erlebnissen erzählte – von der ständigen Gefahr, die Integrität zu verlieren, von als Kavaliersdelikt geltenden Korruptionsgeschichten, alltäglichen Durchstechereien und Gefälligkeiten, nickten auffällig viele Manager im Publikum. »Wie hätten Sie gehandelt?«, fragte ich einige Male.

Jürgen Fitschen stand irgendwann auf und meldete sich zu Wort: Er könne sehr gut nachvollziehen, was ich da gerade erläutere, sagte er. Die Gefahr, sich manipulieren zu lassen und selbst zu manipulieren, sei gerade in den Führungsebenen hoch – er kenne das Problem auch von der Deutschen Bank. Umso bemerkenswerter sei es, dass ich nicht als gebrochener Mensch aus dem Knast zurückgekommen sei, sondern nun so unverblümt erzähle und mit meiner Arbeit für geflüchtete Künstler eine völlig andere Richtung eingeschlagen habe.

Es war eine Form von Solidarität und Empathie, die mir nicht nur geschmeichelt hat. Der lang anhaltende Applaus nach dem Vortrag samt Schulterklopfen vieler Manager zeigte mir auch, wie gut viele Führungskräfte solche Situationen kennen. Situationen, in denen sie sich entscheiden müssen, welche Richtung sie einschlagen. Ob sie integer bleiben – oder nicht.

Offenbar waren viele von ihnen erleichtert, dass mal jemand offen und schonungslos von Gewissenskonflikten und folgenschweren (Fehl-)Entscheidungen erzählte, die fast jeder hier im Publikum kannte.

In Zeiten, da Menschen wegen ihrer persönlichen Verfehlungen ganz schnell an die Wand gestellt und abgeschossen werden, ist es womöglich gefährlich, offen zu sprechen. Macht inzwischen zumindest in Deutschland fast keiner mehr: Politiker bügeln jedes Interview vor einer Veröffentlichung glatt. Kein Fußballer würde mehr übers Saufen und Vögeln sprechen wie Mario Basler oder Toni Schumacher. Boris Becker ist wegen seiner wechselhaften Laufbahn nach seinem Leben als Tennisspieler heute vor allem der Depp, der seine Libido nicht im Griff hat und als Unternehmer nichts auf die Reihe kriegt. Thomas Middelhoff gilt als Inbegriff des skrupellosen, schnöseligen Unternehmertypen, bemitleidenswerter ehemaliger Hohepriester der kapitalistischen Multimillionärssekte. Bei Uli Hoeneß machten Funktion und Bundesland mildernde Umstände geltend: Er lebt in Bayern und ist der Gottvater des größten deutschen Fußballclubs im ehemaligen Königreich. Das durfte er nach seiner Haftstrafe auch bleiben. In Ordnung, finde ich. Er hat seine Strafe verbüßt, warum sollte er keine zweite Chance bekommen? In Deutschland ist das trotzdem sehr erstaunlich.

Vielen der Unternehmer, die im Publikum in Düsseldorf saßen, schossen offenbar ein paar Episoden aus ihrem eigenen Leben ins Gedächtnis, als ich Geschichten (einige von ihnen auch durchaus amüsant) aus der Kunstwelt erzählte, die von Verführung und Verführten handelten. Geschichten, in denen es nicht so leicht auszumachen ist, wer eigentlich Täter, Mitläufer und Opfer ist.

Wir treten alle mit besten Absichten an, sei es, weil wir eine Bank sanieren, der Kunst dienen, Schülern etwas beibringen, ordentlich Buch führen oder Staubsauger verkaufen wollen. Früher oder später entgleitet einigen von uns etwas. Weil wir merken, dass nicht jeder gute Absichten hat. Weil uns vorgelebt wird – sei es von den Eltern, Freunden oder Geschäftsleuten –, dass die, die tricksen und nicht immer ehrlich sind, mehr Erfolg haben. Weil wir nicht weiterkommen. Vielleicht auch, weil wir in einer Lebenskrise stecken und nach Anerkennung hungern.

Jeder spielt auf solch einer Klaviatur, jeder kann und muss sich jeden Tag neu entscheiden, welche Tasten er anschlägt. Je höher der Einsatz und die Aussicht auf Gewinn, desto größer die Gefahr, die falschen Tasten anzuschlagen.

Wer allerdings falschgespielt hat, sei es, weil er seinen Freund oder seine Freundin betrogen hat oder einen Geschäftspartner, darf, nachdem er die Konsequenzen getragen hat, noch mal neu anfangen. Auch wenn die Gesellschaft ihn längst abgestempelt hat. Schwarz oder weiß, gut oder böse, Arschloch oder Engel, das hat noch nie gestimmt.

Für Geschichten, die sich an ein großes Publikum wenden, gilt das allerdings nicht. Schon in der griechischen Tragödie gibt es neben den zerrissenen Gestalten vor allem die Guten und die Bösen. Für die interessieren sich die meisten.

Zwei Wochen nach dem Vortrag und dem Zwiegespräch mit Jürgen Fitschen rief mich mein Sohn David an: »Winterkorn hat sein Leben verzockt« – die Schlagzeile in der *Bild* nach der Anklage gegen den ehemaligen Ex-VW-Chef erinnere ihn an mein Leben, sagte er. »Verzockt« – das hätte auch ein Titel für meine Erinnerungen sein können. Jetzt also Winterkorn. Meine spontane Reaktion? Erst mal hat es mich nicht gewundert. Zwei VW-Manager saßen in den USA schon in Haft, der ehemalige Audi-Chef Rupert Stadler, dessen A8-Präsentation ich vor einigen Jahren in Miami künstlerisch gestaltet hatte, musste ein halbes Jahr in U-Haft, Ex-Motorenchef Hatz fast neun Monate. Dass hochrangige Manager im Knast ihre Suppe neben notorischen Schwarzfahrern auslöffelten, die nur dort saßen, weil sie Schulden hatten, ist in Deutschland längst an der Tagesordnung.

Winterkorn war nun das letzte Glied in der Kette, das genüsslich zerfetzt wurde: Mit zehn Jahren müsse er rechnen, schrieben die Zeitungen.

Ich hatte Mitgefühl für ihn und dachte daran, wie ich ihn Berthold Albrecht vorgestellt hatte, um später mit ihm die Partnerschaft von Volkswagen und dem New Yorker MoMa einzufädeln: »So, jetzt muss er also hängen«, dachte ich. Wer wohl der Nächste sein wird?

Die Fokussierung auf einzelne Sündenböcke, die dann öffentlich zu Teufeln überhöht werden, hat auch etwas Heuchlerisches, Verlogenes. Wer weiß eigentlich, wann der erste Politiker Bescheid wusste? Und warum in Deutschland immer ein Automobillobbyist das Amt des Verkehrsministers ausübt? So wie im Diesel-Skandal eigentlich Dutzende Verantwortliche vor Gericht gezogen werden müssten, gibt es auch auf dem Kunstmarkt, in der Stahl- und Rüstungsindustrie, beim Deutschen Fußball-Bund, in Parteien, Lobbyverbänden und Werbeagenturen etliche Protagonisten, die ein zynisches Spiel spielen.

Von dem kleinen Angestellten, der die Putzfrau schwarz beschäftigt, oder dem Kfz-Mechaniker, der lieber ohne Rechnung arbeitet, will ich hier nicht sprechen – dass sie so handeln, weil sie sich vom Staat benachteiligt fühlen, kann ich gut verstehen. Was mich ärgert, manchmal wütend macht, ist die oft geheuchelte Moral in unserer Gesellschaft: Eine Regierung, die zwar die Menschenrechtssituation in der Türkei kritisiert und die Freilassung eines bekannten Journalisten wie Deniz Yücel fordert, der aber der Flüchtlingsdeal mit Präsident Erdoğan viel wichtiger ist, als auch auf die Freilassung der anderen unschuldigen Deutschen in der Türkei zu bestehen. Die nichts tut gegen den Krieg im Jemen und schweigt, wenn dort in Deutschland gebaute Tornados eingesetzt werden.

Auf dem Kunstmarkt sieht man diesen Mangel an Moral und Integrität wie unter dem Brennglas: Es gibt Sammler, an deren Geldscheinen Nazi-Blut klebt, was niemanden davon abhält, mit ihnen Geschäfte zu machen. Keiner fragt nach, ob die Millionen für einen Picasso von einem Oligarchen kommen, der Kriege mitfinanziert und Kritiker eliminieren lässt. Jeder schaut auf seine Vorteile. Wenn man sie sieht, begibt man sich zusammen ins Bett. Auch wenn man dann keinen rechten Spaß hat, sondern ein schlechtes Gewissen, das man kaum noch wahrnimmt, das aber irgendwo tief im Innern noch leise pocht, gelegentlich Albträume bereitet und vielleicht irgendwann einen Herzinfarkt.

Was man tun müsste? Mehr reden. Stellung beziehen. Fehler eingestehen, und zwar möglichst dann, wenn es noch nicht zu spät ist.

Klare Kante zu zeigen ist allerdings in unserer Gesellschaft nicht mehr angesagt. So glatt wie die Oberflächen unserer Smartphones sind auch viele von uns geworden. Die Kanzlerin macht es vor: Nach der Nuklearkatastrophe von Fukushima ist sie plötzlich gegen Atomkraft, wenn Schüler auf die Straße gehen, um für mehr Umweltschutz zu demonstrieren, gibt sie ein öffentliches *Like* ab. Mehr ist nicht nötig – sie wird auch deswegen immer wiedergewählt, weil sie so harmlos ist.

Warum hängt Angela Merkel ihre Nolde-Gemälde im Kanzleramt ab, nur weil im April in Berlin eine Ausstellung zeigt, welches

Ausmaß der Antisemitismus Noldes hatte? Warum bezieht sie nicht stattdessen öffentlich Stellung über die Widersprüche von Werk und Geisteshaltung des Malers? Warum sagt sie nicht etwas zu den Abgründen, die sie ja sicher auch selbst ganz gut kennt aus ihrem jahrzehntelangen Leben im Zentrum der Macht? Weil es leichter ist und auch öffentlich so gewünscht wird, etwas als böse und schlecht abzustempeln. Man riskiert nichts und ist auf der sicheren Seite. Wir leben in Zeiten einer Hypermoralisierung der Kultur. Und merken nicht, dass wir die Kultur dadurch zerstören.

Keinen Nolde mehr an der Wand, keine Michael-Jackson-Lieder mehr im Radio, keine Filme von Dieter Wedel mehr in ARD und ZDF. (Von Harvey Weinstein produzierte Filme aber schon, die bringen nach wie vor zu gute Quoten)

Paul Gauguin brachte eine 13-Jährige dazu, ihn zu heiraten – und blieb genauso unbehelligt wie Kirchner, der Akte von jungen Mädchen malte und über die Erotik der Kinder schwadronierte. Irre, dass das nicht geächtet wird. Aber irgendwie auch nachvollziehbar: Denn Kunst stand seit jeher für Radikalität, die Überwindung bürgerlicher Moralvorstellungen, sie war für manche sogar verwandt mit dem Verbrechen. »Ein Gemälde ist eine Sache, die so viel List, Bosheit und Laster erfordert wie die Ausführung eines Verbrechens«, sagte der Maler Edgar Degas. »Künstler und Verbrecher sind doch Weggefährten; beide sind ohne Moral, verfügen über eine verrückte Kreativität, nur getrieben von der Kraft der Freiheit«, sagte Beuys.

Heute werden Künstler und Werk meistens zusammengedacht. Das heißt, auch der Künstler soll bitte schön moralisch integer und überall vorzeigbar sein. So entstehen gefällige Kunstwerke – und gefällige Künstler. Die Öffentlichkeit erhält, was sie produziert: *Influencer* haben Punker und Rockmusiker als Vorbilder ersetzt, für kreative, widersprüchliche Quertreiber ist kein Platz mehr.

Wir leben in Zeiten, in denen eine Universität ein Gedicht über die Schönheit von Frauen abhängt, in denen Redner an Hochschulen nicht mehr reden dürfen, weil sie vermeintlich rechts sind. In denen man – je nachdem, in welchem Großstadtviertel man sich bewegt – komisch angeguckt wird, wenn man ein Stück Fleisch bestellt. Die treibenden Kräfte dahinter fühlen sich wahrscheinlich integer, moralisch auf der sicheren Seite – mir kommen sie eher intolerant und verbohrt, heuchlerisch und kleingeistig vor.

Wenn ich sehe, wie ein neues Luxusauto vorgestellt wird, wie Künstler bei Vernissagen, auf Auktionen und in Feuilletons überhöht werden, um die Preise nach oben zu treiben, wie Politiker Wasser predigen und Wein trinken (im Sommer 2019 genehmigte die Bundesregierung Waffenlieferungen in den Jemen), Akademiker von Toleranz reden und intolerant handeln, Unternehmer ihre vorbildlichen *Compliance*-Regeln in Zeitungsinterviews vorstellen und privat Vorteile annehmen, denke ich oft: Heuchler. Aber du warst ja auch oft genug einer.

Vertrauen geht durch Enttäuschungen verloren. Bei mir war das früh so: Ich entwickelte Mechanismen, um Anerkennung zu bekommen – und enttäuschte lieber, als selbst enttäuscht zu werden. Irgendwann habe ich Vertrauen enttäuscht, habe Versprechen nicht eingehalten, Erwartungen enttäuscht. Mir fehlten schlicht Integrität und Klarheit.

Ich werde dieses Vertrauen nicht bei allen Menschen wiedergewinnen können – aber ich werde versuchen, aufrichtig zu sein und zu beweisen, dass man mir wieder vertrauen kann. Tag für Tag, in kleinen Schritten.

43. HELGE IM GLÜCK

Das Leben bleibt schön!

Kaarst, Spätsommer 2019. Ich sitze im Schatten einer Kiefer, vor mir liegen unsere schwarz-weißen Schafe im Gras. Um mich herum schnattern die Gänse in ihrem Wassertümpel. Früher wäre ich jetzt auf einer Messe in Berlin, London oder New York gewesen. Ich bin froh, dass diese Zeit vorbei ist.

Wenn ich an mein Leben in der Kunstwelt denke, kommt mir das Märchen von »Hans im Glück« in den Sinn. Hans hatte für sieben Jahre harte Arbeit einen Klumpen Gold erhalten. Das Gold tauschte er gegen ein Pferd, das Pferd gegen eine Kuh – und immer denkt er, er habe alles richtig gemacht. Hans ist ein Sonntagskind, er nimmt alles leicht, ganz ähnlich wie ich. Am Ende gibt Hans die Gans für einen Schleifstein und den für einen einfachen Feldstein her. Als er trinken will, fallen ihm die schweren Steine in den Brunnen – und er ist froh, die schwere Last nicht mehr tragen zu müssen.

Auch von mir ist mit meiner Verurteilung im Rückblick eine Last abgefallen. Ich habe immer wieder Kunst gegen Geld getauscht, hatte irgendwann einen dicken Batzen Geld – der zur Last geworden ist und mir den Blick für die Realitäten vernebelt hat. Unbewusst überkam mich die Angst der Verarmung nach dem Kauf der Banker-Sammlung 1987. Da hatte ich einen riesigen Batzen Geld – und bin fast irre geworden. Ich habe damals manchmal den Albtraum gehabt, völlig mittellos zu werden, alles zu verlieren. Und habe nicht mehr meine innere Stimme gehört.

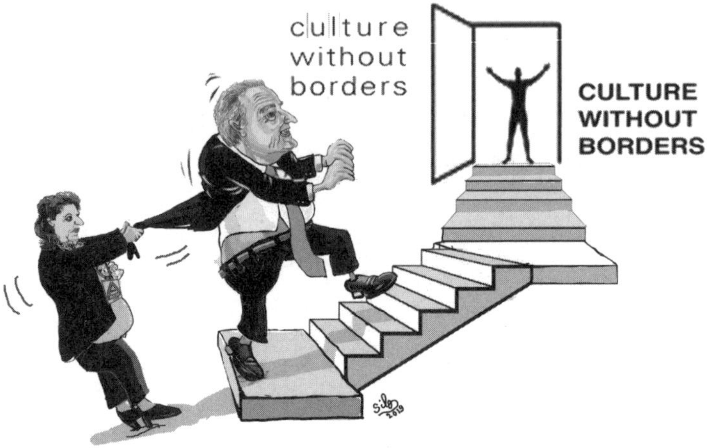

Später hat sich meine Angst erfüllt. Ich habe mich verloren, habe mich selbst zerstört. Nur noch auf Geschäfte geachtet und nicht mehr auf mich selbst. Immer höher, immer schneller, immer weiter.

Heute fühle ich mich auf dem Bauernhof wie in einem zweiten Leben, das sich auch ganz gut leben lässt, obwohl nicht jeder mir eine zweite Chance gönnt. Obwohl die Gesellschaft einem eine vollständige Rehabilitation fast unmöglich macht.

Regelmäßig erhalte ich Rechnungen – eine Schadenersatzforderung über 3,8 Millionen Euro, Verfahrenskosten des Oberlandesgerichts in Höhe von 227711 Euro, eine Forderung der Aldi-Erben in Höhe von 19,4 Millionen Euro inklusive aller Nebenkosten. Anfangs habe ich diese Dokumente einfach zerrissen, weil ich die Forderungen so absurd fand und sie mir schlaflose Nächte bereitet haben. Inzwischen habe ich mich daran gewöhnt, dass ich mit den Schulden leben muss. Vermutlich, bis ich über 90 bin, denn die Gläubiger haben 30 Jahre lang Anspruch auf ihr Geld. Es sei denn, ein Wunder geschieht. Ich habe schon viele Überraschungen erlebt.

Heute weiß ich sehr zu schätzen, dass ich materiell zwar alles verloren habe, dadurch aber vieles Verlorene wiederentdecken durfte: die echte Freude an der Kunst. Freunde und eine Freundin, die mich dafür lieben, dass ich der Helge bin und nicht der Mann mit der Kohle. Ruhe. Zeit zum Nachdenken.

Dass Glück keine Frage des Geldes ist, erfahre ich jeden Tag: wenn ich mit ein paar Euros im Portemonnaie mit meinem VW-Bus losfahre, bei Freunden übernachte statt in teuren Hotels. Wie oft denke ich dann: »Das Leben ist schön! Das Leben bleibt schön!«